tredition®
www.tredition.de

Katharina Pütter

Katharina Pütter

LEBEN GEHT WEIT

Zehn Flensburger

Illustrationen von Julia Weidemann

tredition®
www.tredition.de

Illustrationen: Julia Weidemann

Verlag: tredition GmbH, Hamburg

ISBN
Hardcover: 978-3-7345-3174-3

Printed in Germany

Inhalt

Jörg Jará

Hans Jörg Pütz alias Jörg Jará
*20.12.1959

Zuerst ist er nur zu hören. Als sein Kopf sichtbar wird, fallen die großen, braunen Kulleraugen auf, dann das volle blonde Haar, das am Scheitel von einer Wollmütze bedeckt wird. Er sieht jung aus; mit den rosigen Wangen und auch die Stimme hat den hellen Klang eines Knaben. Sein Mund öffnet sich, die roten Lippen bewegen sich. „Ich heiße Karlchen."

Bis vor wenigen Augenblicken lag Karlchen noch in einer halb geöffneten Lederreisetasche und sprach kein Wort. Bis zu dem Moment, als Jörg Jará ihn vorsichtig herausgehoben und auf seinen Schoß gesetzt hat. Genaugenommen spricht Karlchen auch jetzt nicht – wie auch, als Puppe. Es sieht nur so aus. Eine Illusion. Jörg Jará, mit bürgerlichem Namen Hans Jörg Pütz, ist einer der erfolgreichsten Bauchredner Deutschlands – Karlchen die Puppe, mit der er die Kunst des Bauchredens einst erlernt hat. An diesem Tag kommt der Puppenspieler von einem Auftritt vor bayerischen Bankern und macht auf der Weiterreise Station in einem Hotel am Donauufer. Tourneeleben. In der Lobby stehen vor einer Fensterfront lederne Loungemöbel und ein Glastisch, über dem nun Karlchens Stoffbeine baumeln. Womit kann ich die Sympathie der anderen Kinder gewinnen? Flensburg, Mitte der Sechzigerjahre. Hans Jörg Pütz war ein schüchterner Junge. Als er im Alter von sechs Jahren, sich an einer großen Schultüte festhaltend, erstmals die Stufen seiner Grundschule in der Nordstadt betrat, fühlte er sich unsicher. Auch als die Familie ein Jahr später von der Bauerlandstraße auf die Westliche Höhe zog und er infolgedessen einen zweiten ersten Schultag erlebte. Ein dritter erster Schultag sollte kurze Zeit später folgen, als seine neue Grundschule mit einer anderen zusammengelegt wurde. „Dreimal eine neue Schule, neue Lehrer, neue Kinder. Das war doof. Ein blöder Start." Er versuchte sich „richtig" zu verhalten, wollte nicht zum Kasper gemacht werden. Tri-tra-trullala – wenn Hans Jörg im Kinderzimmer selbst den „Kasper" machte, war plötzlich alles anders. Der Siebenjährige fand Gefallen daran, die hölzernen Handpuppen seines Kasperletheaters zum Leben zu erwecken: ihnen unterschiedliche Stimmen und Charaktere zu geben und sich immer neue Geschichten auszudenken. Schnell wurde das Wohnzimmer seine Bühne, die jüngere Schwester, Eltern und Nachbarskinder sein lachendes und zahlendes Publikum. „Der Eintrittspreis meiner Vorstellungen lag bei 10 Pfennig. Ich war schon früh sehr geschäftstüchtig." Er war verblüfft, wie unterschiedlich seine Stimme klang, je nachdem mit welcher der Puppen er spielte. „Die kecke Stimme des Kaspers, die schüchterne der Gretel, die keifende der Hexe – ich habe damals viel ausprobiert und die Grundlage für das Stimmenverstellen gelegt." Auch jetzt imitiert er die Stimmen, während er ihren Klang beschreibt und mit großer Selbstverständlichkeit die Tonlagen wechselt. Sein Gesichtsausdruck verändert sich mit jeder neuen Stimmfärbung und assoziativ entstehen nacheinander alle von ihm aufgezählten Puppencharaktere.

Im selben Jahr, 1966, reiste Familie Pütz in den Ferien in die Schweiz. Der Besuch eines Freundes seiner Eltern dort hatte ungeahnte Folgen. „Der Mann zeigte mir ein Zauberkunststück. Das war die Zündung! Das wollte ich unbedingt können." Einerseits war er von der ihm dargebotenen Illusion in den Bann gezogen, andererseits erkannte der Junge seine Chance, Anerkennung zu bekommen. Zurück in Flensburg suchte er sich einen Zauberkasten aus und verbrachte die Nachmittage damit, einen Trick nach dem anderen zu erlernen – und weitere Stimmen seiner Puppen beim Kasperletheater zu kreieren. „Da habe ich mir so eine Parallelwelt geschaffen. In meiner Fantasie war ich schon viel weiter mit dem Zaubern und den Puppen." Aus heutiger Sicht – seine Zielvision. Als er 1970 die Grundschulzeit absolviert hatte, erlebte er seinen vierten ersten Schultag am „Alten Gymnasium". Kurz darauf sah er im Fernsehen einen Bauchredner und sofort war dem Jungen klar, dass sein nächster Schritt in diese Richtung gehen sollte. „Ich fand das ganz toll und habe mich gefragt, wie funktioniert das wohl?" Aus dem großen Schaufenster vom Spielwarenladen Brüning suchte er sich seine erste Bauchrednerpuppe aus: das schüchterne Karlchen.

Im Kinderzimmer versuchte er das Geheimnis des Bauchredens zu entschlüsseln und merkte schnell, dass dieses sich als weniger rätselhaft erwies, als er erwartet hatte. „Es geht einfach nur darum, die Stimme zu verstellen und dabei keine Mundbewegung erkennen zu lassen, trotzdem aber deutlich zu artikulieren. Da begannen dann die Probleme. Wie sagt man B ohne Lippen? Oder M? Darin liegt die Schwierigkeit. Bei Labiallauten sind die Lippen eigentlich zwingend erforderlich. Sie gehen automatisch auf und zu – auch wenn man´s nicht will. Aber das kann man trainieren." Bücher über das Bauchreden fand er nicht, das damals einzige englischsprachige Exemplar war nicht lieferbar. „Es gab ja noch kein Internet. Dann habe ich eben ausprobiert, mit Kehlkopf, Gaumen und Zunge Laute zu erzeugen."

Der Autodidakt. Er schulte seine Sprechtechnik, bildete mehr und mehr Wörter ohne die Lippen zu bewegen und entwickelte – wie auch schon beim Kasperletheater – den Charakter einer jeden Puppe. „Die Eigenschaften von Karlchen sind ganz intuitiv entstanden, aus mir heraus. Er ist mir sehr nah." Sogar im Aussehen gibt es eine gewisse Verwandtschaft – zwei norddeutsche Jungs – mit ihren hellen Haaren, den rosigen Wangen und der schlanken Statur. Hans Jörg Pütz ist bis zu einer Körpergröße von 196 cm gewachsen, während die Puppe gerade mal 50 cm misst. Karlchen ist immer Kind geblieben. Und noch immer scheu, während es dem heranwachsenden Hans Jörg irgendwann gelang, diese Eigenschaft zu überwinden. „Ich war sehr brav und begrenzt in dem, was ich mich als Kind getraut habe. Ein Referat vor der Klasse halten zu müssen war eine Herausforderung. Nicht aber, vor den Mitschülern zu zaubern oder etwas mit den Puppen vorzuführen. Das war kein Problem." Im Gegenteil, er nutzte die Möglichkeit, was er sich nicht zu äußern traute, die Puppen sprechen zu lassen. Eine kreative Lösung. Externalisierung.

„Und ich hatte den anderen etwas voraus. Ein Referat hält jeder – aber Bauchreden oder Zaubern, das ist besonders. Ich glaube, dem Kind in mir haben die Vorführungen Sicherheit gegeben. Und die anderen amüsierten sich. Das war sicher ein unbewusster Motor damals; und der Grund, warum es mich so fasziniert hat." Mitte der Siebzigerjahre. Zur Schule zu gehen empfand er als notwendiges Übel, Zeit auf Partys zu verbringen als wenig reizvoll – wirklich interessant erschien ihm in der Pubertät nur, seine Zauberkünste und das Bauchreden zu verbessern. In ihm reifte sein Berufswunsch. Er benannte ihn als 16-Jähriger seinen Freunden und Eltern. „Bauchredner – das fanden alle spannend, aber schwer vorstellbar. Als sie erkannt haben, dass ich davon nicht abzubringen war, bekam ich Unterstützung. Wenn, dann sollte ich auch erfolgreich werden können." Sein Publikum vergrößerte sich, die Rahmenbedingungen seiner Auftritte auch. Aus Nachbarskindern und Familie im Wohnzimmer wurden Mitschüler und Lehrer im Klassenzimmer – wurde die gesamte Schülerschaft des Alten Gymnasiums in der Aula. Es folgten erste Anfragen seiner Zaubershow für Familien- oder Firmenfeiern – so auch 1976 die eines Flensburger Fabrikanten. Ein bedeutender Tag für den Jungen. „Er bot mir nach meinem Auftritt an, mich nach Hause zu bringen und hielt mir die Tür zu seinem Jaguar auf. Ich war begeistert. So einen Wagen möchte ich auch irgendwann haben! – Was willst Du denn mal werden? – Bauchredner." Der

Unternehmer lachte herzlich und schlug ihm aus seiner Sicht geeignetere Karrierewege vor. Doch nie zuvor war der Junge sich seiner Sache sicherer. „Nein. Ich kaufe mir einen Jaguar. Als Bauchredner." Sein Traum. Sein Weg. Sein Ziel.

Die Symbolik der Jaguar-Anekdote sollte ihn ein Leben lang begleiten. Aber davon hatte der Schüler damals nur eine vage Ahnung. Hans Jörg Pütz rückt sein schwarzes Brillengestell auf dem Nasenrücken gerade. In seiner aufrechten Haltung lehnt er sich dann für einen Moment zurück in den beigen Sessel. Der Farbton des Leders könnte in etwa dem des Beifahrersitzes von damals entsprechen. Der Motor lief. Und er beschleunigte. Die Qualität seiner Auftritte sprach sich schnell herum und der räumliche Radius erweiterte sich. Eine Anfrage von der Insel Sylt zwang ihn 1977 beim Schuldirektor vorzusprechen, um sich für einen Tag vom Unterricht befreien zu lassen. „Wollen Sie Abitur machen oder wollen Sie Künstler werden?" Er lächelt bei der Erinnerung an seine Antwort. Für ihn war es keine Entweder-oder-Frage, kein Widerspruch. „Ich will Künstler werden. Aber auch Abitur machen." Er bekam frei und fuhr mit seinem Zauberkoffer nach Sylt. „Wenn wir später mal erwachsen sind," rief ihm ein Junge auf dem Pausenhof hinterher, „dann schalte ich den Fernseher an und dann sehe ich Dich da als Künstler." Die Bilder erschienen vor Hans Jörgs geistigem Auge. „Ja, toll wäre das ja." Dass seine Mitschüler sich einen erfolgreichen Karriereweg für ihn vorstellten, bestätigte seine Selbstwahrnehmung. Den Blick auf Karlchen gerichtet unterstützt er seine Worte mit einem Kopfnicken. „Wenn ich etwas vorgeführt habe, war ich ganz anders – sehr sicher. Und habe mich wohl gefühlt. Da hatte ich ja auch die Führung. Da habe ich vorgegeben, was passiert und warum und in welcher Reihenfolge." Aktiv agieren – nicht passiv reagieren.

Im darauffolgenden Jahr betrat er seine bis dato größte Bühne. In einer schnellen Bewegung rutscht er im Sessel an die Kante und hält sich beide Hände an die Wangen. „Das war eine riesige Blamage für mich." Zunächst war die Freude groß, als er 1978 für den Ball des Selbsthilfe-Bauvereins erstmals im Flensburger Deutschen Haus auftreten sollte. „Ich war so stolz." Auch darauf, dass er eine Gage von 125 DM für sich ausgehandelt hatte – das Dreifache seines monatlichen Taschengelds. Ehrfürchtigen Schrittes ging er am Abend der Gala auf die fünfzehn Meter breite Bühne. Das Ausmaß des Raumes, die Anzahl der Scheinwerfer, die Masse der Zuschauer – hier hatte alles eine neue Dimension. In der Bühnenmitte blieb er konzentriert stehen und sprach seine Begrüßungsworte. „Guten Abend, meine sehr verehrten Damen und Herr-" Lautstark wurde er vom Publikum unterbrochen. „Lau-ter! Mi-kro!"

Heute kann der Profi darüber lachen – und tut es auch. Aber der Moment des Schreckens ist trotzdem noch erkennbar in seinen weit geöffneten Augen. „Ich hatte bisher immer ohne Mikro gesprochen und noch nicht mal darüber nachgedacht." Ein Techniker kam aus der Bühnengasse gestürmt und stellte dem jungen Mann ein Mikrofon vor die Nase. Aber wie sollte er es benutzen? Er hatte keine Ahnung, mit welchem Abstand und in welcher Lautstärke es hineinzusprechen galt. Es knisterte, knackte und knallte über die Lautsprecher im Saal. „Nach einer gefühlten Ewigkeit kam ich dann damit zurecht und der Auftritt lief gut. Ein gutes Beispiel für Learning by Doing." Um diese Erfahrung reicher eignete er sich in den folgenden Tagen umfangreiches Wissen über das Mikrofonsprechen an und war fortan gewappnet. Im Sommer 1979 bestand er die Reifeprüfung und trat beim Abiball als Zauberer auf. Dieses Ziel war erreicht, als nächste Etappe musste er seinen Zivildienst ableisten. Ihm wurde eine Stelle als Pfleger in einem Altenheim in Horst bei Elmshorn zugeteilt. „Ich sah das und dachte: Um Gottes Willen, das kann ich ja nie. Zwei Wochen später hab ich da gestanden und die komplette Pflege gemacht. Ich war überrascht, wie schnell ich da reingekommen bin. 18 Monate... furchtbar lang. Aber eine gute Schule fürs Leben – das fand ich wirklich." Er greift eine Wasserflasche von der Tischplatte und füllt sein Glas. Sprudelperlen steigen und sinken. Womit kann ich die Sympathie anderer gewinnen?

Mittlerweile wusste der junge Mann, welche Wirkung er mit seinen künstlerischen Fähigkeiten erzielen konnte. Vor allem die Heimbewohnerinnen liebten es, wenn er sie mit seinen Bauchrednerpuppen zum Lachen brachte. Vorsichtig stellt er das Getränk auf der gläsernen Tischplatte ab – er denkt an eine für ihn besondere Begegnung. „Da war eine Frau, die sprach nicht mehr, die hatte sich verabschiedet von der Außenwelt. Die saß nur da, machte nichts und reagierte nicht. Wenn man sie ansprach, guckte sie einen nur ganz erstaunt an. Aber wenn ich ihr was mit der Puppe vorgeführt habe, dann hat sie immer ganz doll gelacht.“ Er trinkt einen Schluck Mineralwasser – für einen Moment sieht es aus, als erhebe er das Glas auf die Dame. „Ich fand es toll, da ein Mittel zu haben, zu ihr durchzudringen.“ Der Zivildienstleistende konnte sie verstehen. Für ihn war es als Kind leichter gewesen, durch die Puppen mit anderen zu kommunizieren. Für die Heimbewohnerin war das Reagieren auf die Puppen in dem Moment eine Möglichkeit, ihr inneres Empfinden zuzulassen, ohne dafür mit einem Menschen Kontakt aufnehmen zu müssen. Nach Dienstschluss übte er – wollte seine Fähigkeiten als Bauchredner weiter verbessern. Besonders die Laute B, P und M hatten nach wie vor ihre Tücken. Vor dem Spiegel machte er seine Sprechübungen, stets bemüht, die Lippen dabei so wenig zu bewegen wie nur irgend möglich. Nach wie vor wurde er als Zauberer und Bauchredner für Abendveranstaltungen angefragt und wann immer sein Dienstplan es ihm erlaubte, sagte er zu. Das Publikum mochte ihn.

Bei der Arbeit im Altenheim lernte er seine erste Freundin kennen – eine Krankenschwester, die bis dahin keinerlei Berührung mit Bühnenkünstlern hatte. „Sie sagte: Einen Zauberer hat sie sich ganz anders vorgestellt. Irgendwie in Glitter in einem Wohnwagen.“ Er schaut an sich herunter und seine Mundwinkel gehen nach oben. Dunkelblaues Jackett, weißes Hemd, Bluejeans, Glattlederschuhe – von Glitter und Wohnwagen keine Spur. Im Gegenteil – der hanseatische Kleidungsstil lässt äußerlich mehr auf eine wirtschaftliche Orientierung schließen denn auf eine künstlerische. Aber

Hans Jörg Pütz sah seinen Weg stets mehrdimensional. Nicht entweder...oder, sondern: Auch. Die einzelnen Etappen ist er sehr bewusst gegangen. „Für mich war immer wichtig zu wissen, wo es lang gehen soll. Ich habe mir Ziele gesetzt und dann geguckt, wie komme ich dahin und was kann der nächste Schritt sein."

So auch 1981, als er den Zivildienst abgeschlossen hatte und ein Studium der Volkswirtschaftslehre an der Universität in Kiel begann – finanziert mit den Gagen seiner Auftritte. „Ökonomie in globalen Zusammenhängen betrachtet – das hat mich interessiert. Seit der Oberstufe war mir klar, dass ich Bauchredner werden will. Aber es gibt ja nicht den Weg dahin. Also muss man erstmal einen normalen, bürgerlichen Weg gehen." Eine rationale Entscheidung. Eine weitere folgte, als er sich einen Künstlernamen zulegte.

Jörg Jará. „Ich habe überlegt, was könnte es sein? Positiv sollte es klingen, ein A sollte drin sein. Ich habe dann ganz technisch Buchstabenkombinationen ausprobiert und den Klang verglichen. „Jara-Jara" wurde sein Favorit – bis jemand einen Papagei assoziierte. „Nee, dann nicht. Durch Probieren, Schieben, Lesen und Aussprechen kam ich dann auf die Kombination mit meinem Vornamen. Ein Kunstname. Ein Marketingprodukt." Hans Jörg Pütz saß im Hörsaal, Jörg Jará stand auf der Bühne. Von 1981 bis 1984 fuhr er zweigleisig. An lern- und auftrittsfreien Abenden fuhr er nach Hamburg und schaute sich die Vorstellungen anderer Bauchredner an – ihn interessierte die Arbeit seiner Kollegen.

Ein Stück tiefer sinkt er in den beigefarbenen Sessel hinein und erinnert sich, dass er 1983 auf einem roten Plüschmöbel des Hansa-Varietétheaters im Zuschauerraum saß und davon träumte, derjenige zu sein, der dort oben auf der Bühne steht – angestrahlt vom Scheinwerferlicht, bejubelt vom Publikum. Applaus. Er fuhr zurück nach Kiel und schickte eine Bewerbung an Telse Grell, die damalige Intendantin des 1893 gegründeten Privattheaters. „Sie kam dann tatsächlich zu einem meiner Auftritte." Mit einem Auge schielte Jörg Jará von der Bühne zu ihrem Platz in der ersten Reihe. Seine Aufregung verwandelte sich in Enttäuschung. „Sie guckte immer auf die Uhr und schrieb etwas. Ich dachte, die langweilt sich zu Tode. Das wird nie etwas." Am darauffolgenden Tag bekam er einen Anruf aus dem Intendanzbüro des Hansa-Theaters am Steindamm. Als er aus seiner Erinnerung das Gespräch zitiert, verstellt er seine Stimme nicht und spricht ganz ruhig. „Wir würden Sie gern buchen. Für einen Monat. Sechzig Vorstellungen."

Er trinkt aus seinem Wasserglas, schluckt. Und strahlt – noch immer erleichtert, dass er die Gesten der Theaterleiterin während des Auftritts falsch gedeutet hatte. „Frau Grell hatte sich die Dramaturgie meiner Show notiert – dafür der Blick auf die Uhr. Wann ist die Stimmung auf dem Höhepunkt, wann flacht sie ab? Im Nachhinein logisch." Mit der rechten Hand greift Hans Jörg Pütz an seinen linken Unterarm und zieht den Ärmel des weißen Hemds aus dem Jackett hervor.

Sein Engagement am Hansa-Theater wurde ein großer Erfolg, sein Durchbruch, das Publikum jubelte. „Auf einmal war ich auf den Titelseiten der großen Hamburger Zeitungen: „Bauchredner ließ Marilyn Monroe singen!“ – Meine Show in diesem Haus – sechzig Vorstellungen. Das war eine gute Schule, sich weiter zu professionalisieren und dazu sehr aufregend!“ Zu Schul- und Studienzeiten hatte er im Durchschnitt einen Auftritt pro Woche; während der Zeit am Hansa-Theater nun plötzlich zwei am Tag. Innerhalb eines Monats sammelte er dort reichlich Bühnenerfahrung und entschied, sich fortan überwiegend seiner Selbständigkeit als Künstler zu widmen.

1984. Jörg Jará. Professioneller Bauchredner. Im Alter von 24 Jahren hatte er sein Berufsziel erreicht; er wechselte auf die Überholspur. „Ich will das jetzt forcieren, nehme alles an, was kommt und was ich machen möchte.“ Viele Leute aus der Branche hatten sein Programm gesehen und innerhalb eines Monats bekam er zahlreiche Anfragen von Künstleragenturen. „Zu dieser Zeit arbeiteten viele Bauchredner nur mit Witzen unterhalb der Gürtellinie – mein Programm war da anders, der Humor tiefgründiger, das kam gut an. Außerdem begann ich, die Themen der Kunden in die Darbietungen zu integrieren. Das war damals noch nicht so verbreitet. Und mit wachsender Erfahrung wurden meine Fertigkeiten immer besser.“ Zur Sicherheit blieb er noch ein Jahr an der Universität eingeschrieben. Doch statt im Hörsaal oder der Bibliothek zu sitzen, stand der Flensburger mit seinen Puppen auf der Bühne. „Es lief gut – schon nach einem Jahr konnte ich davon leben." Und das immer besser. Aus der einstigen Wohnzimmerbühne in Flensburg waren in den folgenden zehn Jahren nun die Bühnen Deutschlands geworden. Seine Kenntnisse aus dem Wirtschaftsstudium halfen ihm, sich in die Themen der Firmen hineinzudenken und er kreierte themen- oder produktbezogene Shows. Seine Auftritte führten ihn von Hamburg nach München und von Berlin nach Stuttgart. Die Liste seiner Kunden umfasst heute weit über 1000 namhafte Unternehmen von A bis Z – vom bayerischen Automobilhersteller, über Frankfurter Großbanken bis hin zu westfälischen Lebensmittelfabrikanten. Er gastierte in nahezu allen großen deutschen Varietés und fuhr als Künstler an Bord des Kreuzfahrtschiffs MS Europa über die Weltmeere. Dass er im Jahr 2010 mit seiner Puppe, dem rechthaberischen Herrn Jensen, die Eröffnungsworte zur Verleihung des Henri-Nannen-Preises sprechen durfte, empfindet er als besondere Ehre.

„Wenn wir später mal erwachsen sind, dann schalte ich den Fernseher an und dann sehe ich Dich da als Künstler." Sein Mitschüler sollte Recht behalten. Regelmäßig steht er mit seinen Puppen vor der Kamera und tritt in Sendungen der öffentlich-rechtlichen Sender auf. Frühstücksfernsehen, Mittagsmagazin, Abendunterhaltungsshow. Jörg Jará stellt sich einem lachenden Millionenpublikum – von Schüchternheit keine Spur. Und doch ist sie als Facette seines Charakters grundsätzlich erkennbar. Vorsicht. Er wählt seine Worte sehr überlegt und wenn er spricht, dann nicht zu laut, nicht zu vehement und nicht zu lang. Oft mit einem leichten Lächeln.

Ein großzügiger Beobachter von anderen – und ein bescheidener seiner selbst.

Ein festlich gekleidetes Paar betritt die Hotellobby, untermalt vom Hupkonzert einiger einparkender PKW. Hans Jörg Pütz dreht sich um, betrachtet erst das Paar und blickt dann durch die Glasfront zu den Fahrzeugen, unter ihnen eine dunkelgrüne Limousine. Die Beifahrertür öffnet sich. Sein Blick kehrt zum Glastisch zurück, seine Gedanken in das Jahr 1993. „Das war neun Jahre nach dem Engagement am Hansa-Theater ein Schlüsseljahr." Schlüsseljahr – in doppelter Hinsicht. Der mittlerweile 34-Jährige hatte geheiratet und kaufte sich und seiner Frau ein Haus in Achterwehr bei Kiel. Den Schlüsselbund vom Eigenheim in der Tasche unterschrieb er im selben Jahr einen zweiten Kaufvertrag, den eines fabrikneuen dunkelgrünen Jaguar XJ. Als Bauchredner. „Es ist bis heute so: Immer wenn ich einen Jaguar sehe, denke ich: Ich hab's ja gesagt." Das Traumauto als Symbol für einen mutigen Lebensweg, der aufgegangen ist. Unfallfrei. Das Steuerrad hielt er dabei stets selbst in der Hand.

Für einen Moment hält er die Augen verschlossen, denkt nach. „Auf meinem beruflichen Weg war ich lange Zeit allein – eigenverantwortlich." Unabhängig. Heute arbeitet Jörg Jará in einem Team mit seinem Management, mit Technikern und einem Gag-Coach. Eine langjährige Zusammenarbeit verbindet ihn mit dem Puppenbauer Norman Schneider, der auch für die „Muppet Show" und „Sesamstraße" arbeitet. Zunächst nennt Jará ihm die Eigenschaften der Figur, welcher Archetyp erkennbar sein soll. Norman Schneider entwirft dann Skizzen, einen Bauprototyp und fertigt dann – in detaillierter Absprache mit dem Bauchredner – die Puppe. „Das Bauchreden ist für mich eine sehr persönliche Sache. Jede Puppe hat Persönlichkeitsanteile von mir. Also kann ich es gar nicht von mir lösen." Er unterbricht und lockert sein Handgelenk. Immer wieder, wenn er über die Puppen redet, bewegen sich seine Hände automatisch, in der Art wie er beim Bauchreden deren Mund öffnet und schließt. „Die Idee, was für eine Puppe es wird, wie sie aussehen soll, welchen Charakter sie hat. Es kommt ja alles aus mir heraus. Da wird die Bandbreite dessen sichtbar, was in einem ist."

In der halbgeöffneten Lederreisetasche zu seinen Füßen sind sie also, seine „Persönlichkeitsanteile"? Das schüchterne Karlchen zuoberst, außerdem noch: die halbseidene Olga, der rechthaberische Erwin Jensen, die dominante Hilde Sommer, der zerstreute Professor und auch der halbstarke Lutz-Maria. Der Mensch in seinem Widerspruch – oder seiner Vielschichtigkeit.

Ein breites Grinsen liegt auf Jörg Jarás Gesicht. Er guckt sich die Puppen an und nickt lachend. „Mein aktuelles Programm heißt nicht zufällig: Ich bin viele!" Die Facetten eines menschlichen Charakters – die sympathischen und die unsympathischen, die sozial kompatiblen und inkompatiblen Wesenszüge – Jörg Jará versucht sie sich einzugestehen und seine inneren Stimmen auf der Bühne zu Wort kommen zu lassen. „Die Puppe Lutz-Maria erzählt oft schlichte Witze. Ich kann darüber sehr lachen, aber selber erzählen – nein, dafür sind sie zu flach." Vorsichtig hebt er die Puppe aus der Tasche. Als die Hand des Bauchredners in ihrem Korpus verschwindet, um den Mund der Figur zu bewegen, werden die Bewegungen gröber, die Sprache auch. Dem Charakter entsprechend. Und tatsächlich – die Lippen von Jörg Jará bleiben regungslos, sein Mund leicht geöffnet – während Lutz-Maria Witze durch die Hotellobby posaunt. Für Lutz-Maria spielen Peinlichkeiten und Schamgefühl keine Rolle. Er ist der ungehobelte Rowdy, von guter Erziehung und angemessenen Umgangsformen weit entfernt. „Sozusagen mein Schatten."

Der Schatten eines Menschen beinhaltet – nach der analytischen Psychologie Carl Gustav Jungs – das dem positiven Selbstbild entgegenstehende. „Der Schatten ist alles das, was du auch bist, aber auf keinen Fall sein willst." So Jung.

Viele Jahre wollte Hans Jörg Pütz nur eins sein: Bauchredner. Aus der kritischen Beobachtung seiner selbst und der Menschen in seinem Umfeld entwickelte er immer neue Puppencharaktere. „Viele von ihnen sind Norddeutsche, meine älteren Puppen ähneln Typen, denen ich zum Beispiel als Kind auf den Förde-Butterdampfern begegnet bin. Auch die Erfahrungen als Zivildienstleistender im Pflegeheim waren rückblickend sehr inspirierend." Das Verhalten, das Aussehen, die Stimme – sein Interesse, Menschen tiefgründiger zu verstehen, wuchs stetig. Im Alter von 38 Jahren entwickelte sich daraus ein zweites Berufsziel. Von 1997 bis 2001 studierte er neben seiner Auftrittstätigkeit Psychologie an der Universität in Kiel und absolvierte im Anschluss eine mehrjährige Weiterbildung zum Transaktionsanalytiker. Lutz-Maria hat er mittlerweile auf die Sessellehne neben sich gesetzt. Die Puppe ist verstummt. Der Bauchredner mit ernstem Klang in der Stimme. „Ich habe gedacht: Es gibt ja noch so viel anderes. Und es hat mich sehr gereizt.“. Ein intensiver Ausbildungsweg, den er parallel zu seiner Arbeit als Bauchredner blockweise absolvierte. Seit 2011 arbeitet er – unter seinem bürgerlichen Namen – als zertifizierter Transaktionsanalytiker in der psychologischen Beratung und als Coach. „Ein Grundmodell der Transaktionsanalyse ist es, menschliches Verhalten drei verschiedenen Ich-Zuständen zuzuordnen: Dem Eltern-Ich, dem Kind-Ich und dem Erwachsenen-Ich.“

Mit ruhiger Stimme erklärt er und schnell wird ein Zusammenhang zum Puppenspiel erkennbar. „Das Erwachsenen-Ich steht für das, was angemessen ist, also der Situation, meiner Rolle und meiner Person. Nehmen wir mal an, der Chef sagt: Machen Sie das bitte bis morgen fertig. – Dann ist es in aller Regel angemessen, das zu tun als Angestellter. Wenn der jetzt aber rebellisch wird: Pah, soll er doch selber machen! – dann kommt das wahrscheinlich aus dem Kind-Ich. Mach ich nicht. Oder es kommt eine Stimme-“, er räuspert sich und schmunzelt über die Verbindung zum Bauchreden, „eine Stimme aus dem Eltern-Ich, die sagt: Lass Dir nichts gefallen! Im Eltern-Ich sind Werte, Normen und Richtlinien gespeichert, die unsere Eltern und elterliche Figuren uns vermittelt haben. Es gibt auch innere Dialoge zwischen den verschiedenen Ich-Zuständen.“

Der Coach. Zu analysieren, bewusst zu machen und dadurch beim Gegenüber Verhaltensänderungen zu erreichen, darin besteht seine Aufgabe. Für den Klienten bedeutet es, die eigenen Verhaltensmuster zu erkennen und wenn sie destruktiv sind – zu verwandeln. „Wenn man seine Muster kennt, dann weiß man auch, wo man ansetzen muss." Da erschließt sich der Titel seines aktuellen Theater-Soloprogramms „Ich bin viele" noch umfassender. Die Tätigkeit als Berater hat für Hans Jörg Pütz mittlerweile eine gleichwertige Bedeutung wie das Bauchreden und erfüllt ihn ebenso. An freien Tagen genießt er es, mit dem Fahrrad und den beiden Hunden an der Eider zu radeln. Er mag die Ruhe und die Landschaft. Gemeinsam mit seiner Frau lebt er nach wie vor in Achterwehr bei Kiel – nur den Jaguar hat er inzwischen gegen ein anderes Fabrikat getauscht. Für die nächsten Jahre wünscht er seine Technik als Bauchredner weiter zu verbessern. „Manchmal bei Fernsehaufnahmen, wenn die Kamera ganz dicht ranfährt, erkenne ich im Nachhinein, dass sich die Lippen etwas bewegt haben. Das stört mich dann."

Und er sucht nach einem Ansatz, seine beiden Berufe weiter miteinander zu verflechten – Unterhaltung und Persönlichkeitsentwicklung zusammenzuführen. Aktuell entwickelt er einen Vortrag mit dem Titel: „Wertschätzung im Unternehmen", bei dem er – mit den Puppen als Dialogpartnern – auf die Bedeutung des Themas hinweisen will.

Vielleicht bekommt er weitere entscheidende Ideen im Dialog mit Karlchen. Oder Frau Sommer? Oder vielleicht auch Lutz-Maria! Mit einem warmherzigen Lächeln weiß er eines gewiss: „Da kommt dann mein Eltern-Ich, wenn man nicht alles selber macht!" Noch einmal erweckt er die Puppen

El
Er
K
Sonderburg
Flensburger Förde
Glücksburg
Flensburg
Gelting

in der Hotellobby zum Leben, hebt sie beinahe zärtlich aus der Tasche – jede einzelne verabschiedet sich – Jörg Jará wechselt in Sekundenschnelle Stimmhöhe, Sprechtempo und sprachliche Färbung. Karlchen lässt er sich kurz und scheu verbeugen. Als alle wieder in der Ledertasche verstaut sind, verabschiedet sich auch Hans Jörg Pütz und geht zu seinem Auto, um zu seinem abendlichen Auftritt zu fahren.

Den Reißverschluss seiner Reisetasche hat er offen gelassen. Mit einem Augenzwinkern dreht er sich noch einmal um. „Schließlich müssen sie doch Luft kriegen."

Suscha Korte

Suscha Korte
*18.12.1963

„Queen Elizabeth hat einmal eine Arbeit von mir gekauft und mich dann mit anderen zum Tee in ihren Sommersitz nach Edinburgh eingeladen. Ich bin aber nicht hingegangen, weil ich gerade Liebeskummer hatte.“ In Suscha Kortes Künstleratelier in Köln klingt das Lachen besonders laut, erzeugt einen Widerhall. Steinfußboden, hohe Decken, viele Fenster – keine Stoffe, die den Schall dämmen. Herzhaftes Lachen, aus dem sie mit dem Fazit: „Von solchen Momenten ist mein Leben gespickt!“ wieder zum Sprechen zurückkommt.

Suscha Korte. Bildende Künstlerin.

Flensburg, im Dezember 1963: Als jüngste von drei Schwestern wurde Suscha im Diakonissenkrankenhaus geboren. Zu der Zeit lebte die Familie in Stenderup bei Gelting, wo der Vater sich als Lehrer einen beruflichen Traum verwirklichen konnte. Anfang der 60er Jahre startete an der dortigen Volksschule ein „Einklassenprojekt“, bei dem Schüler – von Klassenstufe 1 bis 9 – in sämtlichen Fächern gemeinsam von einem Lehrer unterrichtet wurden. Bis 1965 hieß dieser Lehrer Manfred Korte. Seine Frau war in Maasholm aufgewachsen und dort die erste Person, die Abitur machte. Sie erhielt das Begabtenstipendium der „Studienstiftung des Deutschen Volkes“ und hatte die freie Wahl eines Universitätsstudiums. Um ihrem Mann seinen Weg zu ermöglichen, schlug sie es aus und kümmerte sich um den Haushalt und die drei Töchter.

Als Suscha zwei Jahre alt wurde, zog die Familie nach Flensburg in die Mürwiker Fördestraße – hier beginnen ihre Erinnerungen an eine Kindheit, die sie „Bullerbü" nennt. „Bullerbü, weil Flensburg mir als Kind freies, unbeobachtetes Spielen in teilweise wilder Natur ermöglicht hat. Ich habe oft draußen gespielt, bin stundenlang mit den Nachbarshunden durch den Wald gestreift."

Mit ihrem Mann Andreas, den vier gemeinsamen Kindern, Katzen und zwei Hunden lebt die Malerin heute in einer Altbauvilla im Kölner Stadtteil Lindenthal. Im Atelier arbeitet sie jeden Tag – morgens und meistens auch nachts. Wenn in den Schlafzimmern in Lindenthal die Lichter ausgehen, braust sie mit ihrem VW-Bus in ein Altstadt-Parkhaus. Neben der gelb beschrankten Einfahrt öffnet sie eine mit Ausstellungsplakaten beklebte Tür, die in ihr Atelier im Erdgeschoss des Parkhauses führt. An diesem Samstag ist sie bereits vor dem Frühstück hergefahren. Eines ihrer Bilder wurde nach Istanbul verkauft und Suscha Korte muss es für den Versand zu ihrer Galeristin bringen. Die blonden Haare hat sie zu einem lockeren Pferdeschwanz gebunden, einzelne Strähnen und die Stirnfransen haben sich aus dem Zopf befreit und wippen auf und ab, wenn sie spricht.

Sie lässt sich auf einen Stuhl an dem drei Meter langen Ateliertisch fallen. Kleine Farbspritzer zieren die weiße Holzplatte, eine Kiste mit Farbtuben schiebt sie beiseite. Erinnerungen an ihre Kindheit. „Freiheiten und Pflichten. Und immer ein großes Vertrauen in meine Person. Finanziell waren wir sehr knapp – mein Vater hat ohne finanzielle Unterstützung mit 30 Jahren noch einmal studiert – aber an zwei Dingen haben meine Eltern nie gespart: an Ausbildung und an Büchern. Beiden war das Geistige immer wichtig. So sprach meine Mutter später sieben Sprachen und mein Vater nahm eine Professur in Kiel an, um Studierenden Didaktik für den Kunstunterricht zu vermitteln. Wir sind nicht ins Café oder zum Essen gegangen, kein Urlaub – mal außerhalb der Saison nach Römö, wenn die Wasserhähne schon abgestellt waren. Aber ich durfte zum Ballett, Leistungsturnen, Reiten, Gitarrenunterricht, spielte Altflöte." Sie lächelt und schnell wird es ein Lachen. „Ich bin immer groß geworden mit dem Gefühl: Ich bin eine Korte, ich bin Suscha Korte." Schon früh hatte das Mädchen ein Selbstbewusstsein, spürte seine Individualität. „Als Jüngste verehrte ich meine älteren Schwestern und meine Eltern. Vielleicht waren es auch die spannenden, lebendigen Erzählungen von den Vorfahren, dass ich stolz war, dazuzugehören. Die Familien lebten nicht so weit auseinander und manchmal trafen sich alle zum „Frische-Suppe-Essen". Neffen, Nichten, Tanten, Onkel, Großtanten, Omas – ich glaube, dass auf Kinder das Gefühl, zu einer großen Sippe zu gehören, eine stärkende Wirkung hat."

Neben vielen Freiheiten gab es auch viele Pflichten. „Wir Kinder mussten ganz früh mitarbeiten: Kartoffeln aus dem Keller holen, Einkaufen gehen, Badezimmer putzen, Treppenhaus putzen." Wenn sie Bullerbü sagt, denkt sie vor allem an die Möglichkeiten, die sie hatte, und daran, dass ihre

Eltern ihr vertraut haben. Sägen, hämmern, im Dreck spielen – ohne elterliche Strenge lebte sie ihre Neugier spielerisch aus. Sie senkt den Kopf und blickt zu einem blauen Farbspritzer auf dem Ateliertisch. Jetzt spricht sie langsamer, ruhiger. Sorgenfrei war ihre Kindheit nicht – sie berichtet von tragischen Todesfällen im Umfeld und innerhalb der Familie. „Ich bin auf der anderen Seite auch mit ganz viel Trauer und Schwermut um mich herum groß geworden. Die Vorgeschichten in der Verwandtschaft prägen einen sehr. Jeder löst das für sich dann anders – je nach Persönlichkeitsmuster und auch, ob man Erst-, Zweit- oder Drittgeborener ist." Ein breites Spektrum an Erlebnissen und Gefühlen gehört zu ihrem Leben – eine große Intensität, damals und heute. Farbabstufungen. Rapsgelb, ozeanblau, bordeauxrot, betongrau.

Die wilden Siebziger. Farbenfroh. Suscha Korte zeichnete und malte in ihrem Kinderzimmer. „Immer schon. Ich hatte ganz früh das Bedürfnis, mich darüber auszudrücken. Und ich hatte früh das Gefühl – obwohl ich von Bullerbü spreche – wie soll man das sagen –", sie macht eine Pause, guckt an die weiße Wand und überlegt. Mit dem Zeigefinger tippt sie auf den Tisch und formuliert die Empfindung aus der Kindheit: „Dass die Welt nicht so ist, wie sie aussieht." Früh hinterfragte das Mädchen, betrachtete tiefgründig und mit großer Empathie. „Immer war da eine große Wahrnehmung für den Schmerz der anderen. Zum Teil ist es mir anerzogen und vorgelebt worden." – Sich in die Perspektive des Gegenübers hineinzuversetzen und mitzufühlen. Sich bei Problemen anderer innerlich abzugrenzen, fällt ihr bis heute schwer. „Ich wollte als Kind immer alles und jeden retten. Sie erinnert sich an Familiengespräche am Küchentisch. Stundenlange Diskussionen weit über das Mittagessen hinaus. Über die Vergangenheit mit ihren Schwierigkeiten einerseits und philosophische Zukunftsvisionen andererseits. „Wir haben oft zwei, drei Stunden am Tisch gesessen und diskutiert. Über Fragen des Lebens, über Freundschaft, Zivilcourage, über Bücher – Ernst Bloch, Klopstock. – Das war gut." Für sie als die Jüngste in der Runde war das Niveau hoch, herausfordernd. Wenn Suscha neben den älteren Schwestern nicht zu Wort kam oder noch nicht über den Wortschatz verfügte, ihre Meinung auszudrücken – malte sie. Stundenlang. Im Kassettenrekorder lief Cat Stevens, die Musik der Schwester, dazu das Pfeifen des Nymphensittichs auf seinem Käfig. Ihre Mutter brachte geriebenen Apfel in einer Glasschale. Ein Gefühl von Geborgenheit. „Ich habe immer großes Vertrauen meiner Eltern mir und meinem Tun gegenüber gespürt. Meine Bilder haben sie aufgehängt und manche sogar von der Galerie Kruse rahmen lassen." Sie lacht. „Die haben mich schon ernst genommen."

Weniger ernst nahmen sie den dringenden Wunsch ihrer Tochter, einen eigenen Hund zu bekommen. Jahrelang kämpfte sie darum und war enttäuscht, wenn unter dem Weihnachtsbaum als Ersatz wieder nur ein Kuscheltier lag. Ihr Sprechtempo erhöht sich. „Eine Zeit lang, ich war noch klein, habe ich dann gegessen wie ein Hund, also vom Boden. Ich habe mich geweigert, vom Tisch zu essen und meine Mutter hat es zugelassen."

Vor Lachen kommen ihr fast die Tränen. Sie lacht sich aus bei der Erinnerung. Den Lebenstraum vom eigenen Hund hat sie sich mittlerweile zweimal erfüllt. „Wenn schon – denn schon." Ein Satz, den sie öfter spricht. „Ich habe immer alles intensiv ausgelebt. Und vieles parallel durchgezogen. Im Nachhinein weiß ich gar nicht, wann ich das alles gemacht habe." Sie zählt an ihren Fingern ab. Schule, Freunde, Nachbarshunde, Mitarbeit zu Hause, Gitarrenunterricht, Hausaufgaben, Reiten, Turnen, Malen, Altflöte, Schreibmaschinenkurs. Eine dritte Hand fehlt. „1977, mit vierzehn, habe ich bei den Maltesern auch noch eine Krankenschwester-Hilfsausbildung gemacht und dann mit fünfzehn in den Ferien im Krankenhaus gearbeitet, um Geld zu verdienen. Das hat mich sehr geerdet, mich gelehrt, Dinge zu relativieren und mich selbst zurückzunehmen. Später, mit 17, habe ich dann im ehemaligen Konzentrationslager Majdanek Denkmalspflege gemacht." Eine Zeit, die sie nachhaltig geprägt hat. „Ich war zutiefst beeindruckt von der Lebenshaltung einiger überlebender Opfer – und natürlich erschüttert von ihren Berichten, die davon zeugten, wie weit Menschen gehen können."

Menschen und ihre Geschichten zu begreifen bedeutet ihr viel. Mit großer Empathie ist sie bereit, zuzuhören und hinzusehen. Suscha Kortes Energielevel ist hoch. War immer hoch. Sie spricht schnell, überholt sich manchmal selber. Denkt und analysiert sehr reflektiert, aus einer optimistischen Grundeinstellung heraus. Lust am Leben. Trotz der Steine, die sie immer wieder von ihrem Weg tragen musste. Die Kraft dafür war da. Sie strahlt und zuckt mit den Achseln. „Ich bin so dankbar für das Leben, dass ich führe, so dankbar für meine Familie und Freunde, die mich bis heute immer wohlwollend begleitet haben."

Anfang der Achtzigerjahre. Am Fördegymnasium Flensburg wählte sie die Leistungskurse Kunst und Biologie. Zwei Berufswünsche drückten sich darin aus: Malerin und Tierärztin. Den Unterricht der Kunstlehrerin Frau Kabat erachtet sie rückblickend als wegweisend. „Das Niveau war sehr hoch, ein intensiver Leistungskurs – sie hat uns Schüler sogar zu sich nach Hause eingeladen, für uns gekocht und wir haben über Malerei diskutiert. Da hatte ich wirklich Glück, eine so engagierte Lehrerin zu haben. Das würde ich mir für alle Schüler wünschen." Die Abiturprüfungen absolvierte sie 1985 am Gymnasium in Kappeln. Um der Großmutter den Umzug nach Flensburg zu ersparen, war die Familie kurz zuvor von Mürwik in das mütterliche Elternhaus nach Maasholm gezogen. Angstfrei traf sie ihre berufliche Entscheidung. Die Eltern hatten ihr vermittelt: Du kannst alles machen, auch Klofrau. Du musst nur etwas finden, wofür Du morgens aufstehen willst.

„Ich bin Suscha Korte. Ich werde Künstlerin – nein, ich bin Künstlerin!" Ab 1985 studierte sie Freie Kunst bei Peter Nagel an der Muthesius Kunsthochschule in Kiel. Vier Jahre, in denen sie ihr theoretisches Wissen in Kunstgeschichte vertiefte und ihr handwerkliches Geschick in der Malerei weiterbildete. Bereits in der Kindheit hatte das gegenständliche Zeichnen und Malen sie am meisten gereizt. Besonders die naturgetreuen Stillleben alter flämischer Künstler beeindruckten sie. Im Jugendalter wählte sie ausgedrückte Zigarettenstummel, Äpfel und andere Alltagsgegenstände. In ihren Arbeiten aus der Zeit des Kunststudiums taucht ein Motiv immer wieder auf: Fische.

„Fische waren mein erstes großes Thema an der Fachhochschule." Ihr familiärer Hintergrund von der Fischerhalbinsel Maasholm steht damit naheliegenderweise in Zusammenhang. Ein weiterer Impulsgeber war die Gefühlslage der damals Anfang Zwanzigjährigen. „Ich hatte solchen Liebeskummer. Es war direkt nach der Trennung von meinem damaligen Freund. Und ich war so sprachlos über das Ganze. Fische waren damals für mich der Inbegriff von Sprachlosigkeit." Sie malte einen stummen Fisch. Und noch einen, ganze Schwärme. „Fast manisch. – Die hängen heute überall, unter anderem auch im Kieler Landeshaus."

Suscha Korte schwimmt selten mit dem Strom – unangestrengt unangepasst – sagt ihre Meinung, auch wenn sie unbequem ist. Im Studium stieß sie damit nicht immer auf Sympathie. „Wer laut seine Meinung sagt, macht sich angreifbar. Und wird dann meist auch angegriffen. Das kostet viel Energie, aber man muss es mit Humor nehmen, denn man ist der Prellbock, an dem die anderen ihre Meinung formen. Leider spreche ich sehr schnell und nuschle auch noch, das ist für manche eine echte Herausforderung."

Ihr Blick fällt auf die Kiste mit Farbtuben. Sie greift eine halbleere heraus, drückt vom unteren Ende nach oben und rollt sie so weit Richtung Verschluss auf, bis die restliche

Ölfarbe sich nahe der Öffnung gesammelt hat. „Ich bin eine Spielerin, insofern als dass ich immer wissen will, ob etwas funktioniert." Ihre Anekdoten zu diesem Wesenszug sind zahlreich und bunt. Nach dem Studium „spielte" sich die 25-Jährige nach Glasgow. Eine Kommilitonin hatte sich an der dortigen Kunstakademie beworben und lud sie ein. Suscha Korte flog nach Glasgow – im Gepäck die Kunstmappe mit einer Auswahl ihrer Bilder. „Das war Spielerei, ich wollte nur wissen, ob die mich nehmen würden." Eine Zusage von der renommierten Glasgow School of Art kam prompt, nachdem die Absolventin aus Kiel dort ihre Werke gezeigt hatte. Das Angebot dort zu studieren verblüffte sie, ihre Begeisterung weckte es nicht. „Ich dachte, da gehst Du nie hin. Glasgow? Bloody cold – niemals!"

Zurück in Kiel war sie von Björn Engholm zum Sommerfest ins Landeshaus eingeladen. Während des Studiums hatte sie dort – gemeinsam mit ihren Schwestern – die Dekorationen für große Feierlichkeiten gestaltet. Nun war sie vom damaligen Ministerpräsidenten als Gast geladen. Im Gartenpavillon zwischen Gläsern voll Bier, Wein und Bowle hatte sie eine Idee – und wollte wissen, was passiert. Ob etwas passiert. „Björn, ich brauch 10.000 Mark, um nach Glasgow zu gehen." Suscha Korte bekam die Förderung. „So ging ich dann nach Schottland, obwohl ich es eigentlich nicht wirklich geplant hatte." Kopfschüttelndes Lachen.

Drei Jahre blieb sie an der Kunstakademie in Glasgow. Eine Zeit, die sie als sehr bereichernd empfunden hat. Großes Engagement seitens der Dozenten ist ihr in Erinnerung und ein starkes Teamgefühl – anders als sie es im Studium in Deutschland erlebt hatte. Sie wurde mit Preisen ausgezeichnet und machte 1991 dort ihr Examen – „first class degree". Die Abschlussausstellung wurde ein großer Erfolg für die Flensburgerin, am Ende klebte auf jedem ihrer Bilder ein kleiner, roter Punkt. Ausverkauft. Auch das Britische Königshaus gehörte zu den Käufern. Mit den Einnahmen in der Tasche flog die examinierte Künstlerin zurück nach Deutschland und klopfte erneut bei Björn Engholm in der Landesregierung an. „Hier –", sie knallt die flache Hand auf den Ateliertisch, ein dumpfer Holzlaut, „ich möchte die 10.000 Mark zurückgeben. Ich möchte, dass ein anderer auch soviel Glück hat wie ich." Puppenspieler aus Lübeck waren die nächsten Glücklichen.

„Manche Freunde fassen sich heute noch an den Kopf. Ich hatte im Vorfeld ganz viel Schulden gemacht für die Materialkosten und eigentlich war von dem Verkaufserlös kaum etwas übrig. Aber ich wollte einfach, dass auch anderen so eine Förderung zukommt." Dankbar für ihr Glück im Spiel. Und in der Liebe. Andreas lernte sie während ihrer Zeit in Großbritannien kennen – der heutige Universitätsprofessor forschte damals in seinem Fachgebiet Hämatologie in London. Er ist seit über 25 Jahren der Mann an ihrer Seite und der Vater ihrer vier Kinder.

Wo malte sie nach Glasgow? Die Akademie dort hatte Anfang der 90er Jahre – neben der Londoner – den besten Ruf in der europäischen Kunstszene. Das First-Class-Examen und ihr Gewinn des R.S.A Painting Price sollten viele

Türen öffnen, weit über die schottische Hauptstadt hinaus. Das Hunter College bot ihr ein Stipendium an, das einen großen Karrieresprung für sie bedeutet hätte. Die 28-jährige Malerin war im Konflikt. Sollte sie sich in New York um ihre Karriere oder auf Maasholm um ihre kranke Mutter kümmern? Nach New York zu gehen, war immer ein Traum Suscha Kortes gewesen – aber sie entschied sich für die Heimat. „Ich wollte in meinem ganzen Leben nie eine Malerin sein, die das nicht lebt, was sie malt.“ Mit Andreas zog sie nach Köln und arbeitete dort in einem Atelier mit drei weiteren Künstlern. Sie wurde mit ihrem ersten Sohn schwanger und verbrachte so viel Zeit wie möglich mit der Pflege ihrer Mutter in Maasholm. Retten konnte sie sie nicht, aber zumindest auf dem schweren Weg bis zum Tod begleiten.

Langes Schweigen. Entscheidungen treffen und Verantwortung übernehmen. „Zu meinem eigenen Wort, zu meinen Überzeugungen zu stehen, das versuche ich.“ Auf die Unterstützung von Andreas konnte sie sich stets verlassen, auf die vieler anderer nicht. Mit einer befreundeten Kollegin hatte sie zu Beginn der Krankheit ihrer Mutter eine große Ausstellung geplant, die diese dann – während Suscha Korte in Maasholm pflegte – umsetzte, ohne mit ihr darüber zu sprechen. „Das hat mich damals sehr verletzt. Aber dieses Verhalten und das Ellenbogenprinzip erlebt man in meiner Branche genauso wie in allen anderen Berufen. Die meisten schaffen es damit ja auch nach ganz oben. Aber um welchen Preis? Die Entscheidungen, die man im Leben trifft, muss man letztendlich vor sich selber verantworten können. Das, hoffe ich, kann ich am Ende." Mit der Entscheidung, ihre Mutter gepflegt zu haben, hadert sie nicht. „Anders hätte ich damit nicht leben können. Es war eine sehr traurige, aber auch sehr intensive, schöne Zeit mit ihr und meiner Familie, die ich nicht missen möchte." Sie steht von ihrem Stuhl auf und macht eine kleine Führung durch das Atelier, zeigt ihre Bilder und erklärt, wie sie daran gearbeitet hat. Von körperlich harter Arbeit spricht sie und von hohen Materialkosten, welche die meisten Käufer unterschätzen. Vor einer 180 cm großen Leinwand bleibt sie stehen. Mit Ölfarben sind auf einem blauen Hintergrund drei Teller in nahezu fotografischer Genauigkeit gemalt.

Warum sind immer wieder Teller das Motiv? „Damit angefangen habe ich nach dem Tod meiner Mutter." Mit der Vergänglichkeit des menschlichen Lebens hatte sie sich schon als Kind auseinandergesetzt. Doch noch nie hatte sie das Sterben so hautnah miterlebt wie 1995 in Maasholm. Was bleibt übrig, wenn ein Mensch geht?

„Wenn jemand stirbt, bleiben die Dinge zurück, mit denen die Person gelebt hat. Diese Gegenstände, an denen noch die Energie, Hoffnungen und Träume des Verstorbenen hängen, lassen einen besonders die schmerzhafte Abwesenheit desjenigen spüren. Der Tellerspiegel guckt einen an, du kannst dich spiegeln – wie lebst du, was lässt du selber einmal zurück? Nach dem Tod meiner Großmutter haben wir das Geschirr „für gut" aus den Schränken geräumt. Die waren kaum zum Einsatz gekommen, das hat mich betroffen gemacht. Auf der einen Seite will ich mit meinen Bildern ja auch bewahren, so wie meine Großmutter ihr Geschirr für uns bewahren wollte. Auf der anderen Seite birgt es aber auch die Gefahr, dass wir den Dingen dienen und nicht die Dinge uns. Bei meiner Großmutter fanden wir auch Tanzschuhe im Schrank, mit denen sie nie getanzt hatte."

Ungelebtes Leben – so nennt sie das. Hoffnungen und Träume, die ein Mensch hat und nicht ausleben konnte. Später entstand daraus eine Wanderausstellung mit ihrer Schwester Cora, Danced – undanced Shoes, die auch in New York gezeigt wurde. In Suscha Kortes Haus in Köln-Lindenthal gibt es keine Trennung mehr zwischen Gut und Nicht-Gut. Sie möchte ihren Besitz nicht schonen, sondern beleben. Sie zeigt auf ein anderes Bild. Diesmal ist ein umgedrehter Teller zu sehen, ein Preisschild hängt daran. Daneben eine rote Stickerei mit den Worten: Sitz gerade und stopf nicht. Erziehungssprüche finden sich auf vielen von Kortes Werken. Auch Graffiti, mundgeblasene Neon-Leuchtschriften und viele Abbilder von Gegenständen aus Haushaltsauflösungen. Jetzt dreht sie sich einmal um ihre eigene Achse, ihr Blick wandert durch den Raum. Sie bleibt wieder stehen. „Die Seele des Menschen, mit all seinen Hoffnungen ans Leben, seinem Wunsch so angenommen und wahrgenommen zu werden, wie er ist – das Menschsein an sich, das interessiert mich mein Leben lang." Der Stoff für ihre Bilder.

Wenn sie über ihre Arbeit spricht, verlangsamt sich ihr Sprechtempo, wählt sie ihre Wörter mit Bedacht, formuliert ihre Gedanken sehr präzise. Sie lacht dabei nicht, aber ihre grünen Augen strahlen einen Glanz aus. „Ich bin meine Malerei."

Und inzwischen eine anerkannte Künstlerin. Ihre Bilder hängen an den Wänden privater Sammler in Deutschland, Belgien, Schweden, Monaco, der Schweiz, Großbritannien, der Türkei und den USA. Sie hatte Ausstellungen u.a. in Berlin, Brüssel, Tallin, Kaliningrad, Köln, New York und Philadelphia. 2011 zeigte der Flensburger Museumsberg ihre Werke in einer großen Einzelausstellung. „Menschenleere Porträts. Es war sehr besonders für mich – eine Einzelausstellung im Museum. Und dann noch in meiner Heimatstadt! Flensburg hat mich innerlich immer sehr getragen. Das Gefühl von Freiheit, von Meer, der Geruch und die Farben. Dass das Flensburger Museum in Dr. Michael Fuhr einen so aufgeschlossenen, engagierten Direktor hat, ist wirklich ein Glück. Ich bin dankbar, dass immer wieder solche unterstützenden und offenen Menschen in mein Leben getreten sind." Sie strahlt.

Es ist ihr gelungen, sich als Malerin zu etablieren und vier Kinder großzuziehen. Es gibt nur wenige Künstlerinnen, die diesen Spagat gewagt und gemeistert haben. Gemeinsame Mahlzeiten, Schulbrote schmieren, Gesprächspartner sein – die täglichen Anforderungen zweier Berufe zu vereinen nennt sie auch heute noch eine Herausforderung. Sie blickt über den Tellerrand. „Als Frau hat man es in der Kunstwelt immer noch prinzipiell schwer. Wenn man dann noch Kinder hat – vier – kämpft man immer doppelt. Ich wollte aber immer Kinder haben und es als Künstlerin schaffen. Mein Weg

Glück
Sonderburg
Glücksburg
nislee
Flensburg
Flensburger Förde
Gelting

war, und ist, im karrieristischem Sinne vielleicht nicht der „normale“. Dennoch denke ich, dass ich es geschafft habe, mir als Künstlerin Gehör zu verschaffen. Auch davon handeln meine Arbeiten, von Kommunikation und von Nähe. Ich beobachte, dass die Besucher meiner Ausstellungen vor den Bildern stehen und miteinander diskutieren. Besitz schafft keine Nähe. Geheimnistuerei schafft keine Nähe. Aber wenn Menschen miteinander in Kommunikation treten, sich austauschen, entsteht eine Nähe. Und die Möglichkeit besteht, einander wirklich wahr- und im besten Fall auch anzunehmen.“

Gemeinsam an einem Tisch sitzen – unabhängig davon, ob die Teller darauf „für gut“ sind, oder nicht. Suscha Korte blättert durch die an der Wand lehnenden Leinwände. „Hier ist es, das Bild für Istanbul!“ Ein schneller Blick zur Uhr. „Zwei Minuten hab ich noch.“

Genug Zeit für Suscha Korte, einen Blick in die Zukunft zu werfen. Mit einem verschmitzten Lächeln verrät sie: „Ich sehe mich im MoMa in New York.“ Sie lacht über ihre Zukunftsvision. Dann nimmt sie das Bild in die Hand und nickt leicht mit dem Kopf. „Wenn Du das Glück hast, etwas zu finden, wofür du morgens gern aufstehst, dann fügt sich alles Weitere.“

Wolfgang Krüger

Wolfgang Krüger
*13.05.1964

Im flachen Wasser reflektiert der weiße Korallensand das Sonnenlicht und ein Meer schillernder Blautöne glitzert entlang der Küste. Grün bewachsene Felsen und schattenspendende Kokospalmen ragen in den Himmel. Über allem strahlt die golden leuchtende Sonne auf der Philippinen-Insel Boracay. Die Füße hinterlassen tiefe Spuren im heißen Sand, der weich und weiß ist wie Watte. Die Brandung der Sulusee umspült sanft die nackten Füße und glättet den Strand.

„Boracay – Welcome to Paradise!“ steht auf einem hölzernen Wegweiser, der in alle vier Himmelsrichtungen zeigt – dorthin, wo die Natur in ihrer unberührten Schönheit schimmert. Einige Kilometer weiter, im Nordwesten der Insel, steht ebenfalls ein Holzschild, das auf einen paradiesischen Ort verweist. In geschwungenen goldenen Buchstaben trägt es die Inschrift: „Welcome to Shangri-La!“ Es prangt am Eingang eines 5-Sterne-Hotels auf dem knapp zehn Quadratkilometer großen Eiland: Shangri-La's Boracay Resort & Spa. Shangri-La war ursprünglich der Name eines fiktiven, paradiesischen Ortes in James Hiltons utopischem Roman „Lost Horizon – Der verlorene Horizont“, einem Weltbestseller aus dem Jahr 1933. Fast vierzig Jahre später wurde dieser zur Inspiration für einen malaysischen Multimilliardär, der einen Hotelbau plante – mit dem Anspruch, dass seine

Gäste sich dort wie im Paradies fühlen sollten. In Anlehnung an die literarische Vorlage taufte er 1971 sein erstes Hotel in Singapur: Shangri-La.

Heute steht der Name für die größte asiatische Luxushotelkette mit 100 Häusern weltweit. Jedes bietet seinen Gästen Erlebnisarchitektur, elegantes Design, erstklassige Kulinarik – Großzügigkeit verbunden mit asiatischer Gastfreundschaft auf höchstem Niveau. Der Konzernsitz liegt zweieinhalb Flugstunden nordwestlich von Boracay, in Hongkong. Dort arbeitet das Spitzenmanagement des Unternehmens. Dort hat der Executive Vice President sein Büro in einem Wolkenkratzer: Wolfgang Krüger, einstmals Kochlehrling im Flensburger „Schlachthof Restaurant". Mit dem Fahrstuhl dauert es nur ein paar Sekunden bis zum 56. Stock, um an die Spitze des gut 200 m hohen „Island Shangri-La, Hongkong", zu gelangen. Wolfgang Krüger hat die Treppe genommen. Schritt für Schritt. Stufe für Stufe. Stockwerk für Stockwerk. Aus eigenem Antrieb.

Flensburg im Jahr 1979. Im Stapel der Glückwunschkarten zu seiner Konfirmation findet der damals fünfzehnjährige Wolfgang den Brief einer ihm unbekannten Tante aus Amerika. Mit Gratulation und Segenswünschen für seinen weiteren Lebensweg und einer Einladung sie zu besuchen, wenn er irgendwann einmal eine Reise in die USA plane. „Da habe ich zu meiner Mutter gesagt: Da will ich hin!" – „Bring erstmal Deine Schule zu Ende, verdien' erstmal Dein eigenes Geld und dann siehst Du, was es kostet nach Amerika zu fliegen." Fortan träumte der Junge seinen „amerikanischen

Traum“ und suchte Möglichkeiten, ihn zu realisieren. „Nach der Konfirmation ist mir das nie aus dem Sinn gegangen. Amerika. Da will ich jetzt hin!“ Er fing an, nach Schulschluss Geld zu verdienen. Für Apotheken lieferte er Medikamente aus, bepackte Regale im Supermarkt, verbrachte die Schulferien beim Schlachter und half ihm bei der Wurstherstellung.

Zwei Jahre später schlachtete er sein Sparschwein und buchte einen Flug nach Boston. „Da war ich siebzehn und habe vier Wochen in Amerika verbracht.“ Mit seinem Rucksack fuhr er in den Greyhound-Bussen nach Montreal, nach Toronto und New York. Ein erfüllter Jugendtraum. Zurück in der Heimat formulierte der Junge seinen Eltern ein klares Ziel für die Zukunft. „Irgendwann werde ich mal im Ausland arbeiten. – Dann musst du einen Beruf ergreifen, der dir das ermöglicht.“ Vielleicht Pilot? Die Frage erledigte sich auf dem Behandlungsstuhl beim Augenarzt. Oder Botschafter? Für eine akademische Laufbahn hatte er weder die Geduld noch das Interesse.

„Nein, ich gehe in die Hotelbranche. Ich werde Koch.“ Dass Wolfgang Krüger mit diesem Berufswunsch eine Familienkrise auslöste, war ihm unverständlich – aber dann sehr bald nebensächlich für ihn. „Meine Mutter war am Boden zerstört, mein Vater war etwas gefasster und hat versucht, mich dann noch bei der Vereins- und Westbank unterzubringen.“ Der Vater war als Oberstudiendirektor Leiter der Städtischen Handelslehranstalt, Wolfgangs Zwillingsbruder entschied sich für ein Jurastudium und die Schwester studierte Lehramt. „Nur ich bin ein bisschen aus der Art geschlagen.

Die Entscheidung gegen ein Universitätsstudium war für meine Eltern ein Riesenproblem.“ Koch? Das passte nicht ins Außenbild.

In seinem Innenbild war die Richtung stimmig und der Schritt nur der erste eines langen Weges. „Ich hatte nie das Bedürfnis, dass ich Koch lerne und dann Koch bleibe. Ich wollte damit den Einstieg in die Hotelbranche schaffen. Auch wenn wir als Familie nie in größeren Hotels übernachtet hatten, wusste ich immer: Ich möchte mal Generaldirektor eines Hotels werden.“

Sein Entschluss stand und ab 1983 lernte er in Flensburgs erster Adresse, dem „Schlachthof Restaurant“ von Gastwirt Hans Braas. „Toll war das. Ganz toll. Ein richtig uriges, typisch norddeutsches Restaurant. Von Herrn Braas habe ich alles von der Pike auf gelernt. Der Vorteil in einem kleinen Betrieb – ich wurde vom Chef ausgebildet. Und sein souveräner Umgang mit den Gästen hat mich beeindruckt und bis heute geprägt.“ Nach zweieinhalb Jahren zwischen dampfenden Töpfen und brutzelnden Pfannen schloss er seine Ausbildung erfolgreich ab und spürte, dass der nächste Schritt über die Grenzen Schleswig-Holsteins hinausgehen sollte. „Ich geh’ mal nach Düsseldorf.“ Als frisch gebackener Koch bewarb er sich 1985 im Düsseldorfer Haus der amerikanischen Hotelkette Hilton; und bekam eine Zusage – sein Einstieg in die Hotellerie. Ein Jahr kochte er nahe der Königsallee. Dann der Wehrdienst – auf Sylt und in Flensburg. Ein kurzer Ausflug zurück in den Norden. Pflicht.

1988 realisierte er seinen Teenager-Traum vom Arbeiten im Ausland. Zwei befreundete Kollegen vom Düsseldorfer Hilton visierten England als ihre nächste Karrierestation an. „Wir gehen alle nach London. Komm' doch mit, Wolfgang!" Der 24-Jährige zögerte nicht lange – aber eine Bedingung hatte er: nicht weiter in der Küche zu arbeiten. Das erschien ihm als der nächste wichtige Schritt Richtung Hoteldirektion. So wurde das Hilton in London seine erste internationale Adresse in der Hotellerie. „Ich weiß das noch ganz genau: Am 3. Januar 1988 bin ich nach London geflogen – mit nur einem Koffer." In der Hosentasche ein zerknülltes Stück Papier mit der Adresse seiner Freunde. Die hatten ihn erst einen Tag später erwartet und so stand niemand am Ankunftsterminal um ihn abzuholen. Mehrere Stunden irrte er, den Stadtplan studierend, mit seinem Koffer durch London. Bis er schließlich – außerhalb des Zentrums – das richtige Apartment fand. „Wir haben dort zu dritt in einem Zimmer gelebt. Da gab es nur zwei Betten. Ich hab also die ersten drei Monate mit meiner Decke auf einem Pappkarton geschlafen, vor einer Heizung – weil es Winter war. Ich fand das normal." Das Paradies lag zu diesem Zeitpunkt noch in weiter Ferne.

London Hilton on Park Lane am Hyde Park – Wolfgang Krüger wurde am ersten Arbeitstag im Service eingeteilt. Wie geplant: raus aus der Küche. Doch es vergingen nur wenige Wochen bis er wieder dorthin zurückkehrte. „Wolfgang, wenn Du jemals Food & Beverage Director werden willst, dann musst Du ins Stewarding!" Bedeutet: Teller waschen.

Küche putzen. Night Cleaning. Im Keller. „Klar! Das mach ich! Kein Problem!“ Wolfgang Krüger erinnert sich. Im 56. Stock des Hongkong Island Shangri-La folgt sein Blick einem Vogel, der mit weit ausgebreiteten Flügeln an dem Hotel-Wolkenkratzer vorbei gleitet. Lautlos. Die schalldichten Fensterscheiben reichen vom Boden bis zur Decke und geben eine freie Sicht auf die Stadt und den Hafen. Wie in einem Stummfilm bilden sich auf Augenhöhe dünne Wolkenbänder, die sich sekundenschnell wieder auflösen. 200 Meter weiter unten fährt ein Containerschiff in den Victoria Harbour ein, vereinzelt rollen weiße Limousinen durch die Straßen des Finanzdistrikts. Die chinesische Metropole wirkt noch verschlafen an diesem Sonntagvormittag.

Wolfgang Krüger steht dicht an der Fensterfront – dass er kein Asiate ist, verrät seine Körpergröße auch in der Rückansicht. Mit einem gastfreundlichen Lächeln wendet er seinen Blick zurück in den Besprechungsraum. Es ist sein freier Tag heute. Der dunkelblaue Anzug und das weiße Kent-Kragen-Hemd lassen das Handwerk eines Maßschneiders erkennen. Am linken Revers leuchtet eine goldene Anstecknadel – auf den zweiten Blick ist darauf verziert der Buchstabe S erkennbar. Shangri-La.

Es klopft. Eine Chinesin im Seidenkleid tritt lächelnd ein und serviert Tee und Kaffee in Porzellantassen auf einem goldschimmernden Tablett. Wolfgang Krueger bedankt sich mehrfach bei ihr und erkundigt sich nach ihrem Befinden. Als sich die glänzende Mahagoni-Tür hinter ihr schließt, setzt er sich an den runden Besprechungstisch und seine Gedanken kehren zurück ins London der späten 80er Jahre. Genauer: in die Küchenräume im Keller des Hilton Hotels. „Das war eindeutig die Stufe meines Berufslebens, auf der ich am meisten über Menschenführung gelernt habe. Da habe ich mit 120 Männern überwiegend aus Nigeria und Ghana gearbeitet, die sich überhaupt nicht leiden konnten, die die untersten Jobs in der Hotelbranche, die schlechteste Bezahlung hatten. Aber von denen wurde erwartet, dass sie genauso motiviert arbeiten wie die vom Service, die Persönlichkeiten treffen – also in einem wesentlich glamouröseren Umfeld tätig sind als in der Spülküche. Da habe ich viel gelernt über Menschen, über Motivation, darüber wie man mit Leuten arbeitet, wie man an sie rankommt."

Über zwei Jahre erlebte er im Stewarding Konflikte und Erfolge im beruflichen Alltag – hinter den für die Gäste sichtbaren Fassaden. Gewann Erkenntnisse über Menschentypen, über Motivation und die Zusammenarbeit im Team. Und entwickelte seine Art, zwischenmenschliche Distanzen zu überwinden. „Am Anfang habe ich versucht kumpelhaft zu sein. Ich habe schnell gemerkt, ja, das geht für den Moment, aber wenn man zu kumpelhaft wird, ist es schwer noch durchzugreifen. Dann habe ich mir gedacht, man muss jeden mit Respekt behandeln, aber die Grenzen müssen abgesteckt sein. Invisible. Unsichtbare Grenzen habe ich mir abgesteckt."

Im Alter von 25 Jahren wurde ihm die Leitung der Abteilung übertragen. Damit war der gebürtige Flensburger der jüngste Chief Steward, den das London Hilton je hatte –

und der Großteil des Teams wesentlich älter als ihr Vorgesetzter. „Ich hab mich mit allen ein bisschen befasst – abends mit ihnen in der Kantine gegessen. Wo kommt ihr her? Was macht ihr? Familiengeschichten gehört." Er zeigte Interesse, ließ sich auf den Einzelnen ein und forderte im Gegenzug großen Einsatz und Disziplin. Die Bereitstellung des richtigen Geschirrs bei großen Banketts erforderte Perfektion an jeder Position. „Es hat mir viel Spaß gemacht. Aber es war ein harter Job."

Sein Führungsstil funktionierte. 1990 wurde er aus der Küche „herausbefördert", um die nächste Etage, die administrative Seite als Assistant Food & Beverage Manager, kennenzulernen. 1991, nach fast vier Jahren in London, waren die Stadt und das Hotel seine Heimat geworden, fühlten sich familiär an. Er spürte, dass es an der Zeit war, den nächsten Schritt zu machen. „Ich möchte jetzt weg. Ich möchte hier raus." Ein Angebot der Hilton-Gruppe aus Istanbul traf seinen Nerv und der 27-Jährige wechselte von der Themse an den Bosporus. Ostwärts. Zum Abschied klopfte der Londoner Küchenchef ihm auf die Schulter: „Wolfgang, wenn Du in dieser Branche erfolgreich sein willst, dann musst Du nach Asien gehen." – „Ja, da will ich auch mal hin!" Und zwar ins Mandarin Oriental Hotel Hongkong – so der unausgesprochene Traum des jungen Mannes. Zweimal hatte er sich nach seiner Kochausbildung dort schon beworben – die positive Resonanz war ausgeblieben.

25 Jahre später strahlen seine Augen bei der Erinnerung durch die randlosen Brillengläser hindurch. Beide Arme

auf die Lehnen gestützt, schwingt er sich von seinem Stuhl auf und stellt sich erneut an die Fensterfront. Zeigt mit ausgestrecktem Arm und Zeigefinger Richtung Hongkong Victoria Harbour, an dessen Ufer besagtes Luxushotel noch heute steht. „Branchenintern galt es damals als eines der weltweit besten Häuser überhaupt." Dort zu arbeiten war das Bestmögliche, was er sich für seinen weiteren Weg ersehnte.

Ein dreiviertel Jahr nach seinem Umzug in die Türkei bekam er einen folgenreichen Anruf. „Sind Sie Herr Krueger?" Aus dem „ü" wurde fortan „ue". „Wir haben Ihren Namen erhalten. Hätten Sie Interesse für uns im Mandarin Oriental Hongkong zu arbeiten?"

„Ich denke darüber nach und rufe Sie zurück." Wolfgang Krüger legte fassungslos auf und notierte sich die Nummer. Dass der Herr am Telefon wirklich der war, für den er sich ausgab und dass sein Angebot ernst gemeint sein konnte, erschien ihm unwirklich. Vielleicht steckte die Hilton Company hinter dem Anruf, um die Loyalität ihres Mitarbeiters zu testen? Er war skeptisch. Name und Nummer des Anrufers ließen sich 1992 noch nicht einfach durch einen Mausklick verifizieren. Es bedurfte verschiedener telefonischer Rücksprachen, bis er Gewissheit hatte. Und tatsächlich: Der Name des Herrn auf der anderen Seite der Leitung stimmte. Und die Nummer gehörte tatsächlich zu einem Hotel in Hongkong: dem Mandarin Oriental. Er rief zurück. „Ja, ich will!"

Asien. Hongkong – damals noch unter britischer Herrschaft. Von Istanbul aus flog er in die Metropole an der Südküste der Volksrepublik China und traf sich mit dem Generaldirektor. Schnell schüttelten sie sich zufrieden die Hände. Der schriftliche Vertrag sollte postalisch folgen. „Aber willst Du denn gar nicht wissen, was Du verdienst, Wolfgang?" – „Das interessiert mich nicht. Ist für mich vollkommen zweitrangig. Ich möchte in diesem Hotel arbeiten!" Von 1992 bis 1997 tat er es: als Director of Food & Beverage. Der Tellerwäscher aus London hatte es geschafft.

Er greift an die Brusttasche seines Jacketts und rückt in einer unauffälligen Bewegung die Rechteckfaltung seines Einstecktuchs gerade. Für einen Moment schweigt er – formuliert dann rückblickend die Gefühle und Gedanken über seinen Aufstieg. „Es war toll. Es war mein Ziel. Das war damals die Erfüllung meines Traums." Sein Blick schweift in die Ferne. Der Himmel über Hongkong ist inzwischen mit einigen Wolken versehen. „Wenn Du Dir frühzeitig ein Ziel setzt, dann weißt Du zumindest auch, dass Du darauf hinarbeiten musst. Und – die Möglichkeit besteht, dass Du es erreichst. Wenn Du Dich darauf konzentrierst."

Nach fünf Jahren in Hongkong – im Alter von 33 – richtete er seine Konzentration auf etwas Neues. „Jetzt möchte ich eine Hoteleröffnung machen." Die Mandarin Oriental Gruppe beförderte ihn zum Stellvertreter des General Managers für die Planung eines neuen Fünf-Sterne-Hauses in Kuala Lumpur. Im Sommer 1997 zog er in die Hauptstadt Malaysias und war verantwortlich für den gesamten Food &

Beverage-Bereich. Es galt, einen Restaurant- und Bankettbereich innerhalb von zwei Jahren auf erstklassigem Niveau zu erstellen. Die Entwicklung der Restaurantkonzepte – innenarchitektonische Einrichtung und kulinarische Ausrichtung, die Planung der Küche und die Zusammenstellung der Mitarbeiter am Herd und im Service – alles waren seinen Entscheidung.

Zwei Jahre später wurden die Gloschen gelüftet und das Mandarin Oriental Hotel in Kuala Lumpur eröffnet. „Das war eine großartige Erfahrung – jeder Hotelier sollte einmal in seinem Leben ein Hotel aufgemacht haben!“ Wieder war es ein Telefonanruf aus Übersee, der Wolfgang Krüger von der Malaiischen Halbinsel zu neuen Ufern aufbrechen ließ: 001808 – die Vorwahl des pazifischen Inselarchipels Hawaii leuchtete auf dem Display. Sein einstiger Chef aus Hongkong war am Apparat: „Wolfgang, ich brauche hier einen Assistenten, einen Hotelmanager. Es ist zwar nicht Asien und die Kompensation fällt auch geringer aus – aber Du wärst die Nummer Zwei im Hotel. Kahala Beach. Hast Du Lust?“ „Hab ich. Mach ich!“

Im Mai 1999 kehrte er dem asiatischen Kontinent den Rücken und landete 11000 km Luftlinie ostwärts in der Hauptstadt des 50. US-Bundesstaats Hawaii – im Kahala Mandarin Oriental in Honolulu. „Ein absolutes Iconic-Hotel. Unter unseren Gästen waren viele Hollywood-Größen.“ Erneut ein Haus mit hohem Renommee in der Branche.

Wolfgang Krüger trinkt einen Schluck Tee und setzt die Porzellantasse behutsam auf der Untertasse ab, korrigiert den Henkel leicht nach rechts. Der Löffel liegt oberhalb der Tasse mit dem Griff nach unten. Perfekt eingedeckt. Und was kam nach Hawaii?

Die Leitung der Oriental-Gruppe wollte den mittlerweile 37-jährigen Hotelier nach Miami schicken. Florida – USA? Erstmals ein Nein. „Nee, aufs amerikanische Festland möchte ich nicht." Vielmehr sehnte er sich zurück nach Asien. Sein Blick schweift entlang der Wolkenkratzerspitzen, die in der Umgebung des Island Shangri-La in den Himmel ragen. Entlang der vielen Gebäude Hongkongs, bei denen die Fahrstühle ebenfalls mehr als fünfzig Knöpfe haben. „Leider haben die Asiaten den Fortschritt daran gemessen, wie hoch die Gebäude sind, wie viele Häuser auf einem Quadratkilometer stehen – und überall ist Glitzerlicht. Der Charakter der Städte, der ist inzwischen ein bisschen verloren gegangen. Das war vor zwanzig Jahren noch anders. Und das hatte mich – im Unterschied zu den USA – damals sehr an Asien gereizt. Ich habe den Kontinent als mysteriös und originell empfunden, alleine die vielen Gerüche. Deswegen wollte ich auch wieder dorthin zurück." Wo ein Wille ist...

Wolfgang Krueger war bereit, neue Wege zu gehen und betrat den Pfad ins „Paradies". Im Sommer 2001 verließ er Hawaii und nach neun Jahren auch die Mandarin Oriental Hotel Group, um fortan auf asiatischem Boden für Shangri-La Hotels and Resorts zu arbeiten. Für den Einstieg in die Luxus-Hotelkette bekam er zwei Angebote: Für den Posten

des Hotelmanagers konnte er sich zwischen den Standorten Peking und Manila entscheiden. Seine Wahl fiel auf die philippinische Hauptstadt. Dort bekam er an seinem ersten Tag einen Anruf der Konzernleitung. „Herr Krueger, die Pläne, die wir mit Ihnen haben, sind folgende: Sie sollen innerhalb von zwanzig Monaten Generaldirektor werden. Darauf arbeiten wir hin. Und Sie müssen auch darauf hinarbeiten."
„Machen wir!"

Generaldirektor. Zum ersten Mal wurde das Wort im Zusammenhang mit seinem Namen ausgesprochen. Noch nie schien Wolfgang Krüger dem Traumberuf seiner Kindheit so nah, wie an jenem Oktobertag 2001. Neunzehn Monate später – an seinem 39. Geburtstag im Mai 2003 – hielt der Hotelier eine druckfrische Visitenkarte in der Hand:

Wolfgang Krueger
Edsa Shangri-La, Manila General Manager

An der Flensburger Förde hatte er damals als Junge überlegt: „Ich möchte mal Generaldirektor in einem Hotel werden." Jetzt, an der philippinischen Manilabucht, hatte es sich erfüllt. Seitdem verweist die Anstecknadel mit dem goldenen „S" am Revers seines Anzugs auf die Zugehörigkeit zur Führungsebene des Unternehmens.

Ende 2004 wurde er Generaldirektor des Hotels in der taiwanesischen Hauptstadt Taipeh. 2007 – Verantwortlicher für den Bau des ersten japanischen Hauses der Kette in Tokio und bis 2011 dessen Generaldirektor. Von dort wechselte er 2012 nach Hongkong. Nacheinander besetzte er dort den Posten des Generaldirektors im Kowloon Shangri-La und im Island Shangri-La und trug zusätzlich die Gesamtverantwortung für alle Häuser der Regionen Japan, Taiwan und Hongkong. Zum Jahresbeginn 2014 bekam er das Angebot, in die Zentrale, an die Spitze der Konzernleitung zu wechseln. Er akzeptierte und ist seitdem: Executive Vice President – leitender Vizepräsident – der Shangri-La Hotelgruppe.

Sein „amerikanischer Traum“ – in Asien realisiert. Fast 9000 km Luftlinie trennen den gebürtigen Flensburger in diesem Moment von seinem Elternhaus, 57 Stockwerke von der Hotelküche. Die meisten der dazwischen liegenden Etagen kennt er, er hat sich Stockwerk für Stockwerk hochgearbeitet und Stufe für Stufe Neues gelernt. Er betrachtet die Linien seiner Handflächen und versucht die einzelnen Zutaten seines Erfolgs zu benennen. „Geradlinigkeit. Die wurde mir schon früh nachgesagt. Und heute sehe ich das auch so; ich bin immer sehr geradlinig gewesen. Ich habe im Beruf immer hinter dem gestanden, was ich gemacht habe und habe immer ehrlich gesagt, was ich für richtig und falsch gehalten habe.“ Ein Wesenszug, den er schon aus der Kindheit erinnert. „Ich habe immer gewusst: Das mag ich und das mag ich nicht. War niemals verloren – also in mir. Ich habe nie das Gefühl gehabt, dass ich nicht wusste, was ich will, oder wohin es gehen soll. Ich war weniger konform als andere Kinder. Kein Träumer, aber komischerweise war mir immer schnell klar, was ich will und in dem Moment wo ich eine

Entscheidung getroffen hatte, habe ich mich der gestellt und bin mit Freude weitergegangen." Gesunde Instinkte.

Es klopft. Erneut tritt die chinesische Dame im Seidenkleid ein, lächelt und stellt nun eine Porzellankanne mit frisch aufgebrühtem Tee auf den Tisch. Und neue Tassen. Wolfgang Krüger reicht ihr das Kaffeeservice und wünscht einen schönen freien Abend. „Ich habe mich nie darum gekümmert, dass ich in meinem Beruf der Beste sein muss. Ich habe mich immer darum gekümmert, dass ich in einem Umfeld arbeite, in dem ich arbeiten möchte. Mit Menschen, mit denen ich arbeiten möchte. Und dass das Team, das ich habe, erfolgreich ist. Für mich war es immer wichtig, dass meine Leute erfolgreich waren. Das hat sich auf mich dann auch positiv ausgewirkt." Teamplayer.

„Die Zahl von Europäern, die Führungspositionen in der asiatischen Hotellerie besetzen, ist verhältnismäßig gering. Aber wenn man zeigt, dass man sich für den Kulturkreis, in dem man arbeitet, auch interessiert, dann öffnen sich die Leute. Als ich nach Malaysia gegangen bin, habe ich den Koran gelesen. Als ich nach Taiwan gegangen bin, habe ich Mandarin gelernt und auch in Japan war ich beim Sprachunterricht." Interesse am Kulturkreis.

„Manchmal habe ich mich auch treiben lassen von dem Nicht-Wissen. Das war inspirierend. Ich habe sehr gut unter Druck gearbeitet und wenn ich wusste, es kommt etwas, was ich nicht weiß. Das Unbekannte – das hat mich immer motiviert." Mut und Neugier.

„In den Hotelrestaurants esse ich nur bei Geschäftsterminen, ansonsten immer in der Kantine mit den Mitarbeitern. Für manche war das anfangs überraschend, wenn ich als Generaldirektor mit meinem Tablett in der Schlange stand, aber dann wurde es sehr geschätzt. Für mich ist das selbstverständlich." Sein Blick folgt einem Kreuzfahrtschiff, dass unten aus dem Victoria Harbour ausläuft. Wer bei dem Flensburger anheuert, hört irgendwann einmal sein Kommando: „Wir sitzen alle im gleichen Boot. Jeder hat eine bestimmte Position im Boot. Aber wenn Wasser ins Boot kommt, kriegen wir alle nasse Füße. Dann spielt es keine Rolle, wer wo sitzt. Also müssen wir alle dafür sorgen, dass in unser Boot kein Wasser eindringt." Bezug zur Basis.

„Grundsätzlich habe ich nie etwas gemacht, weil ich geglaubt habe, es machen zu müssen. Für mich stand immer im Vordergrund, dass ich einen Beruf habe, der mir Spaß und Freude macht. Und bei dem ich langfristig mit mir selbst keine Kompromisse machen muss. Ich habe immer hart und konsequent gearbeitet – aber immer mit Lust." Leidenschaft. Fleiß. Und stets ein Ziel klar vor Augen.

Doch nicht immer war der Himmel so blau und wolkenfrei wie an diesem Sonntag. Wolfgang Krüger stellt die Teetasse weiter Richtung Tischmitte – weg von der Kante. Er denkt an den Tag, an dem er sich von einer Sekunde auf die andere mit der größten Krise seines Berufslebens konfrontiert sah und mit der Sorge um das eigene Leben.

Tokio, 11. März 2011 – Freitagnachmittag um 14.46 Uhr. Ein kalter Tag. Um ein Dokument für einen abendlichen

Geschäftstermin abzuholen, war Wolfgang Krüger vom Hotel in seine Wohnung gefahren. Die lag im 56. Stock eines Wolkenkratzers und als er die Tür aufschloss, bebte die Erde – es war das bisher stärkste Beben Japans seit Beginn der dortigen Erdbebenaufzeichnungen. In hohem Sprechtempo schildert er sein Erleben dieses bedrohlichen Naturereignisses. „Im ersten Moment habe ich gedacht: Das war's. Jetzt ist es vorbei. Das Gebäude hat sich um zweieinhalb Meter von links nach rechts bewegt. Alle Sachen sind auf den Boden gefallen. Die ganze Stadt hat gewackelt. Ich bin sofort durchs Treppenhaus runter gerannt auf die Straße und zurück zum Hotel."

Erneut vergrößert er den Abstand zwischen Teetasse und Tischkante. Hotelevakuierung. Stromausfall. Menschen im Schockzustand. Als die Erde wieder stillstand, betrat er sein Büro, um von dort alle weiteren Schritte des Krisenmanagements einzuleiten. Ein Bild, das ihm scharf wie ein Hochglanzfoto im Gedächtnis ist:„Ich war im 28. Stock, ich schau' so auf Tokio, Richtung Chiba, Richtung Küste – und dann sehe ich auf einmal einen riesigen Feuerball am Himmel, eine riesige Explosion. Ich hab dorthin gestarrt und zu meiner Sekretärin gesagt: Keiko San, ich glaube jetzt haben wir ein Problem."

In diesem Moment begriff er das Ausmaß des Bebens – spürte die Dimension des Ausnahmezustands. Was nun? Schon oft hatte der Hoteldirektor sich gefragt, wie er wohl mit einer Krise umgehen würde. Welche Empfindungen sein Denken und Handeln dann lenken würden.

Er blieb ruhig. Er griff zum Telefon und rief seinen Chefeinkäufer an. „Ito San, ich möchte, dass Du so viel Toilettenpapier und so viel Wasser kaufst wie es geht."

Wasser – klar. Aber warum Toilettenpapier? Heute weiß er nicht mehr, warum seine Antwort in dem Moment so schnell und eindeutig kam. „Auf die Toilette zu gehen – ohne Papier – ist unangenehm." Am nächsten Tag kam eine Lieferung mit 5000 Rollen Toilettenpapier und mehreren tausend Litern Wasser. Als er sie in der Hotellobby in Empfang nehmen wollte, saßen dort auf dem Boden mehr als 200 ältere Menschen und Kinder. Der öffentliche Personennahverkehr stand in Folge des Bebens still und die Passanten suchten Unterschlupf vor der Kälte. Er reagierte schnell. „Alle Leute hoch in den Ballsall! Die können hier nicht über Nacht auf der Erde liegen." Das Shangri-La in Tokio war zu diesem Zeitpunkt ausgebucht. Der Generaldirektor und seine Mitarbeiter klopften an jede der 200 Zimmertüren und baten die Gäste um ihre Ersatz-Bettdecken. „Es war in dieser schwierigen Situation ein tolles Erlebnis. Alle haben zusammengehalten und geholfen. Viele Wochen später haben sich nach und nach alle Passanten, die wir in den Ballsaal geholt hatten, mit Keksen und Gebäck bedankt.

Das war für mich eine sehr prägende Situation. Man darf nie vergessen, wo man herkommt und wie gut man es hat. Und – wenn es darauf ankommt, muss man für andere Menschen da sein, ihnen helfen. Nur so kriegt man auch den Respekt von den Leuten in dem Kulturkreis, in dem man arbeitet." Dem Beben folgte ein Tsunami, der die Reaktorkatastrophe in Fukushima auslöste. Die Auswirkungen auf Wolfgang Krüger und das Leben in Japan waren zu diesem Zeitpunkt völlig ungewiss. In seine Wohnung im 56. Stock wollte er aus Sorge vor der Wucht von Nachbeben nicht zurückkehren. Duschen auch nicht. Drei Nächte schlief er im Anzug auf dem Sofa seines Büros. Und das viele Toilettenpapier? Er lacht und nickt mit dem Kopf. „Das haben wir gebraucht."

Er zieht die Teetasse zu sich heran und trinkt einen Schluck. Die Bilder sind da. Die positiven und die negativen, der Ausblick auf Hongkong – ebenfalls vom 56. Stock – lässt sie unweigerlich entstehen.

Sechs Monate nach der Katastrophe wechselte er von Japan nach Hongkong. Die Erinnerung an Tokio bleibt intensiv präsent und seine Beziehung zu dem dortigen Hotelteam eine besonders innige. „Eine prägende Zeit." Die Krise gemeistert. Und Niederlagen? „Ja. In einer Sache war ich nicht so erfolgreich. Eine Beziehung zu führen, wenn man so eingespannt ist und so fixiert ist auf seinen Beruf – das ist schwer. Fixiert nicht unbedingt immer darauf, Karriere machen zu wollen; aber fixiert auf das Metier. Für mich war der Beruf immer sehr wichtig und ich bin darin aufgegangen." Berufliche Erfüllung.

1994 heiratete er eine Skandinavierin. Sie zog mit ihm durch Asien, von Land zu Land, von Hotel zu Hotel. Ein gemeinsames Sommerhaus in ihrer finnischen Heimat wurde der zweite – europäische – Wohnsitz. „Als egoistisch oder selbstbezogen habe ich mich nie empfunden. Wenn man mit sich selbst beschäftigt ist, dann ist man mit sich beschäftigt, weil man in einer bestimmten Materie oder Welt aufgeht. Das war mir wichtig. Aber es hatte nie damit zu tun, dass sie mir egal war – nie! Aber ich war immer in meiner eigenen Welt. Und sie dann irgendwann in ihrer." Die gemeinsamen Interessen wurden stetig kleiner und die Zeiträume, die sie allein in Finnland verbrachte, größer. Nach zwölf Jahren trafen sie die Entscheidung, die Ehe zu beenden – ohne Streit, aber mit der Enttäuschung, gescheitert zu sein. „Da habe ich eigentlich das erste Mal in meinem Leben das Gefühl gehabt, dass ich etwas, was ich mir vorgenommen hatte, nicht habe durchziehen können."

Seinen Tee hat er inzwischen ausgetrunken. Er macht eine Pause, sucht den treffenden Begriff für seine Empfindung. „Failure. Da habe ich versagt." Eine Enttäuschung – die einzige gravierende. Schnell löst sich der ernste Ausdruck in seinem Gesicht wieder. „Man muss sehen, wie man am besten sein Leben leben kann und leben möchte. Und das, was man gewählt hat, muss man sich angucken und sehen: Das sind die guten Seiten daran und das sind die weniger guten Seiten. Und dann muss man dafür sorgen, dass man mehr gute Tage hat als schlechte." Seit dem ersten Tag seiner Kochlehre im Schlachthof Restaurant hat es für den Flensburger nie einen Zweifel gegeben, dass er beruflich den richtigen Weg geht. Seinen Weg. Und in dieser Branche gut und erfolgreich zu sein, empfindet er rückblickend als weniger kompliziert, als es für Außenstehende erscheinen mag. „So schwer ist das eigentlich nicht. Viel ist „common sense".

Worum geht es in einem Hotel? Es geht darum, Gästen ein Erlebnis zu vermitteln und die Angestellten dazu zu motivieren, dass sie ihr Bestes geben und aufrichtig und herzlich sind. Dass sie den Gästen gegenüber alles geben, damit diese sich wohlfühlen. Was anderes braucht man eigentlich nicht; alles andere sind Nebeneffekte." Eine rationale, logische Erfolgsformel.

Er verschränkt die Finger beider Hände im Nacken und lehnt sich auf seinem Stuhl zurück. Dass er beruflich mehr erreicht hat, als er sich je vorgestellt hat, ist ihm bewusst. Auch, dass er so hoch gekommen ist, wie kaum ein anderer Deutscher in der internationalen Hotellerie.

Was kann noch kommen? Eine Position steht noch über seiner jetzigen, die des CEO. „Nein, das glaube ich nicht. Und ich arbeite auch nicht darauf hin. Mein Energielevel ist nach wie vor hoch, aber ich bin innerlich ruhiger geworden. Ich werde niemals in meinem Leben gleichgültig sein, aber gelassener sehe ich vieles. Das ist das Schöne am Älterwerden. Ich arbeite sehr gern und ich möchte so lange arbeiten wie es geht. Ich gehe sehr auf in den neuen Aufgaben seit dem Wechsel von der Hotelführung in die Konzernführung. Ich bin sehr zufrieden. Alles was jetzt noch kommt, ist" – da spricht der Koch – „icing on the cake."

Mittlerweile ist er in der Position, junge Talente im Unternehmen wahrzunehmen und sie zu fördern. Außerhalb von Shangri-La hat er die Patenschaft für fünf philippinische Kinder übernommen, deren Lebensunterhalt und Schulbildung er finanziert.

„Oben angekommen“ – umgeben von Luxus – spürt er stets den Boden unter seinen Füßen. Hat die kleinen Fußspuren aus seinen Kindertagen im Bewusstsein. Ihre Schulferien verbrachten die drei Flensburger Krüger-Kinder die ersten zehn Jahre bei der Großmutter in einem 500-Seelen-Dorf in Niedersachsen. „Das hat mich sehr geprägt. Meine Großmutter ist schon mit 32 Jahren Witwe geworden, hat dann immer allein gelebt und war Lehrerin an der Dorfschule. Vor dieser Frau habe ich immer großen Respekt gehabt. Ich habe heute noch ganz oft ihren Kühlschrank vor Augen: nichts drin – nur ein Stück Butter. Und manchmal hat sie von der Milch, die sie morgens vom Bauernhof geholt hat, oben die Sahne abgenommen und nachmittags in den Kaffee gegossen. Und in ihrer Speisekammer hing eine Seite Speck und da stand ein Marmorkuchen. In ihrem Brotfach lag ein Brot. Da waren immer die Endstücke abgeschnitten, der Knust. Den hab ich am liebsten gegessen.“ Auch heute noch. In den Supermärkten Hongkongs kauft er deutsches Vollkornbrot und ab und an entdeckt er in einer asiatischen Kneipe Flensburger Pilsener. „Das ist für mich Luxus!“ Die atemberaubende Kulisse Hongkongs wirkt in diesem Moment wie für einen Werbespot geschaffen.

Luxus – er reflektiert diesen Begriff, spricht über einheitliche Standards, die maßgeblich sind für seine Branche und das individuelle Moment. „Luxusempfinden ist sehr subjektiv. Das Spektrum ist breit. Die meisten Europäer wünschen sich eine Kaffeemaschine im Zimmer, während viele Asiaten als erstes überprüfen, ob eine Packung Instantnudeln

HOTEL
Lost Horizon
Sonderburg
Flensburger Förde
Harrislee
Glücksburg
Flensburg
Gelting

für sie bereit liegt.“ Die Wünsche des Gastes zu erkennen und mit selbstverständlicher Lässigkeit zu erfüllen – eine Devise. Sich abzugrenzen und Freiräume zu schaffen beschreibt er dabei als große Herausforderung. Der Hotelbetrieb läuft schließlich 24 Stunden an 365 Tagen. „In dieser Branche ist es sehr, sehr einfach zu sagen, jetzt arbeite ich nur noch. Ich kann sieben Tage die Woche arbeiten – ohne Probleme. Aber ich habe gelernt, bewusst Auszeiten zu planen. Zeit für mich selbst, Reisen, Zeit für meine Freunde – das ist für mich Luxus! Ansonsten hab' ich's eigentlich auch gern einfach.“

Seine Urlaubsplanung für die nächsten Monate steht: Tauchen mit langjährigen Freunden, in einem touristisch noch weitgehend unerschlossenen Gebiet Asiens. Exklusive Restaurants und Hotels gibt es dort nicht. Für ihn ist es paradiesisch.

Das Weihnachtsfest wird er mit seiner Mutter und den Geschwistern in Flensburg verbringen. Die Einkaufsliste für das diesjährige Menü hat er seiner Mutter in Mürwik rechtzeitig mitgeteilt: Würstchen und Kartoffelsalat. Luxus.

Jörg Asmussen

Jörg Asmussen
*31.10.1966

„Sagen Sie dem Botschafter, ich komme fünf Minuten später, das schafft der Fahrer selbst mit Speed nicht."

Der Weg vom Bundesministerium für Arbeit und Soziales zum Bundeskanzleramt beträgt nur zwei Kilometer, aber der Verkehr im Berliner Regierungsviertel ist meist stockend. Schwarze Limousinen mit verdunkelten Scheiben rollen über die Allee Unter den Linden, kreuzen die Friedrichstraße – Staatschefs aller Länder, Minister des Bundes und deren Mitarbeiter gleiten darin zwischen Touristengruppen durch die Straßen der Hauptstadt. Hier, im politischen Zentrum Deutschlands, werden die großen nationalen und internationalen Entscheidungen getroffen – beim Mittagessen, an den großen Verhandlungstafeln in den Ministerien und am Konferenztisch der Kanzlerin.

Oktober 2014. Jörg Asmussen ist mit nordischen Botschaftern zum beruflichen Mittagessen verabredet und fährt anschließend zu einem Treffen von Bund und Ländern ins Kanzleramt. Fragen der Asylpolitik sollen diskutiert werden, die Flüchtlingszahlen an Europas Grenzen wachsen stetig. „Ich glaube schon, dass mein europäisches Herz damit begründet wurde, in dieser Region aufgewachsen zu sein. Es ging die Grenze mittendurch – ändert das was? Ist man ein anderer Mensch, je nachdem welchen Pass man hat? Ich bezweifle das." Jörg Asmussen meint mit „dieser Region" nicht Berlin, mit der „Grenze mittendurch" nicht die Mauer. Er spricht von Flensburg und der Förde, auf deren Mitte die roten Fahrwassertonnen den Übergang von deutschem in dänisches Gewässer markieren. „Ich habe oft sinniert, was hat man von da eigentlich mitgenommen. Es ist etwas, was einem, wenn man da aufwächst, gar nicht so klar ist: Eine offene Grenze, wo man auf beiden Seiten beide Sprachen spricht und mit beiden Geldarten bezahlen kann und wo es Schulen gibt in der jeweiligen Minderheitensprache und Bibliotheken, ich fand das total normal. Man kann da rübergehen, man kann da einkaufen, man kann da arbeiten. Das ist eine Erfahrung, die man zwanzig Jahre lang mitgenommen hat, wo man erst später, wenn man viel Europapolitik macht, feststellt, das haben andere Leute gar nicht." Eine Grenz-Erfahrung. Und aus heutiger Sicht ein Grundstein für seinen beruflichen Weg.

Oktober 1966. Jörg Asmussen wuchs mit seiner Schwester und den Eltern in einer ruhigen Seitenstraße mit Einfamilienhäusern im Stadtteil Jürgensby auf. Der Vater leitete als Beamter die Städtische Feuerwehr, die Mutter war als Lehrerin ebenfalls verbeamtet – ein sehr bürgerlicher Haushalt, „nicht reich, aber ohne materielle Sorgen".

Später einmal, wenn Jörg Asmussen sein Elternhaus besucht, wird die Polizei hier vermehrt Streife fahren, denn im Alter von Anfang vierzig wird er zu den mächtigsten Männern Deutschlands gehören. Aber davon hatte der Junge Jörg damals nur eine vage Vorstellung. Früh interessierte er sich für das gesellschaftliche Zusammenleben von Menschen. Was tut das Individuum? Was tut der Staat? Wie gestaltet man Lebensbedingungen? Fragen, die ihn beschäftigten und mit seinem Heranwachsen komplexer wurden. Wie entwickelten sich Wahlsysteme? Wie war das in der Französischen Revolution? Warum wurde die Verfassung geändert? Bei seinem Abitur bestand der Eiserne Vorhang noch, die innerdeutsche Grenze beförderte die Auseinandersetzung. Wie organisiert man Wirtschaft? Wo funktioniert es besser?

Als Gymnasiast an der Goethe-Schule diskutierte er im sprachlichen und gesellschaftswissenschaftlichen Unterricht über die Rahmenbedingungen für Völker – in der Vergangenheit, Gegenwart und Zukunft. „Ich habe an die Schulzeit eine gute Erinnerung, muss ich ganz ausdrücklich sagen. Durch meinen Geschichtslehrer Herrn Langbehn und meine Deutschlehrerin Frau Ehlers wurden meine Interessen sehr gefördert – und auch, Dinge im historischen Kontext zu sehen."

Zunehmend durchdrang er die Zusammenhänge und entwickelte sein Bild von der Geschichte. „Wenn man nach dem Fall des Eisernen Vorhangs dann mal in Krakau war, hat man begriffen, dass da die gleichen Architekten tätig waren, die auch in Florenz oder Rom Kirchen gebaut haben. Dass es das ganze Mittelalter hindurch ein offener Kulturraum war, der nach dem Zweiten Weltkrieg eigentlich künstlich getrennt wurde. Rund um den Ostseeraum gab es das auch – wenn man sich die zu Zeiten der Hanse gebauten Kirchen ansieht, sehen die zwischen Lübeck, Tallin und Riga doch sehr gleich aus." Geschichte wurde sein Leistungskurs – öffnete zeitliche und räumliche Grenzen. Im Deutschunterricht wurde bewusst auch Literatur aus der DDR gelesen. Was schreiben Autoren dort? Wie wirkt sich die politische Situation auf Inhalt und Stil aus? Im Lateinunterricht lag der Fokus auf den machtpolitischen Strukturen im alten Rom. Wie organisierte sich der Staat? Wie gingen die Mächtigen damals mit besetzten Gebieten um? Fragen und Konflikte, die sich in abgewandelter Form durch die Menschheitsgeschichte ziehen und in der Weltpolitik nach wie vor brisant sind. Jörg Asmussen bildete sich seine persönliche Meinung und mit der Volljährigkeit formulierte er daraus sein berufliches Ziel: „Ich würde gerne später politiknah arbeiten, Wirtschaftsberater von Regierungen sein." Er spricht von Lust. Neben dem Geschichtsunterricht benennt er einen weiteren wichtigen Baustein für seinen Lebensweg: die Prägung als Konfirmand in der Kirchengemeinde St. Jürgen. „Ich bin eigentlich über die Dritte-Welt-Arbeit der Kirche zur Politik gekommen. Nach dem Gottesdienst haben wir fair gehandelten Kaffee verkauft, damit es den Bauern und Bäuerinnen dort besser ging. Das war damals mein Zugang zu Politik." Gesellschaftspolitische Fragestellungen tauchten auf, denen sich der Jugendliche mit Engagement stellte. Er verbrachte in St. Jürgen auch nach der Konfirmation viel Zeit, leistete Jugendarbeit in der Gemeinde und nahm an den jährlichen Sommerfreizeiten in Norgaardholz und Skandinavien teil. „Das waren schon sehr prägende Jahre damals."

Nach dem Abitur 1986 war sich Jörg Asmussen über seinen Berufswunsch im Klaren und auch der nächste Bildungsschritt stand fest: das Studium der Volkswirtschaftslehre in der damaligen Bundeshauptstadt Bonn. Doch davor galt es noch eine Etappe zu absolvieren, die das Gesetz von ihm verlangte. „Die intensive Zeit in der evangelischen Gemeindejugend führte dazu, dass ich in der Kirchengemeinde Fruerlund auch meinen Zivildienst gemacht habe.“ Der spätere Staatssekretär verweigerte den Wehrdienst und leistete stattdessen zwanzig Monate sozialen Hilfsdienst. Ein langer Zeitraum für einen zielstrebigen 19-Jährigen mit Karriereambitionen – eine Bremse? Nein. „Ich habe diese zwanzig Monate als total bereichernd empfunden. Ich bin Leuten begegnet, die ich vorher nicht getroffen habe und vermutlich sonst auch nicht getroffen hätte.“ Er denkt dabei an zwei Bereiche seiner Tätigkeit. Morgens arbeitete er im mobilen sozialen Hilfsdienst – betreute einen Rollstuhlfahrer, dem so der Umzug in ein Heim erspart blieb. „Dem musste man aus dem Bett helfen, ihn waschen und anziehen. Da musste man jeden Morgen pünktlich sein, der kam sonst nicht aus dem Bett. Es war eine völlig neue Verpflichtung, dass du nicht sagen kannst, ich gehe abends feiern und den nächsten Morgen schwänze ich. Da ist jemand darauf angewiesen, dass du erscheinst und ihm beim Aufstehen hilfst.“ Er übernahm Verantwortung. Am Nachmittag arbeitete er mit Jugendlichen im Gemeindezentrum und erlebte weitere Herausforderungen. Der junge Erwachsene begegnete dort Menschen mit anderer Sozialisation als er aus seinem eignen Umfeld gewohnt war. Er führte Gespräche mit Eltern, die ihre Kinder nicht in der Schule anmeldeten. Die Dialoge mit den Familien sind ihm noch sehr präsent. „Ihr müsst Eure Kinder in die Schule schicken. – Warum? Dann sagst du: Weil wir Schulpflicht haben. Was keine richtig gute Antwort ist. – Ja, und? Dann sagst du: Damit die Lesen und Schreiben lernen können. – Und warum sollen die Lesen und Schreiben lernen? Dann guckt man als Lehrerkind wie ein Auto und sagt: Naja, damit die später einen ordentlichen Beruf ergreifen können. – Wieso arbeiten? Sozialhilfe gibt's immer. Dann guckt man noch fragender als 19-Jähriger. Was sagst du jetzt?"

Er begriff, wie fundamental der Zugang zu Bildung den Lebensweg beeinflusst und wie selbstverständlich ihm dies im Elternhaus ermöglicht wurde. „Als Kind hat man nicht die Wahl. Ich hatte da Glück. Das muss man auch irgendwann mal so zur Kenntnis nehmen." Knapp 30 Jahre später, als Staatssekretär im Ministerium für Arbeit und Soziales, ist er mit diesem Thema in seinem beruflichen Alltag wieder neu konfrontiert. „Deshalb lohnt es sich heute auch, sich politisch um Kinder zu kümmern, die dieses Glück nicht haben. Die können ja nichts dafür. Die Frage ist: Schaffst du ihnen eine Bildung, die es ihnen ermöglicht, später an Arbeit und Gesellschaft insgesamt teilzuhaben?" Die Bandbreite seiner sozialen Erfahrungen während des Zivildienstes fasst Jörg Asmussen überlegt zusammen, bezeichnet sie als prägend für seine politischen Einstellungen und Werte. „Ich glaube zutiefst, ich wäre heute anders, wenn ich das nicht gemacht hätte." Begegnungen mit Menschen, die nachhaltig

Spuren hinterlassen. Momente, die weit über ihr Erleben hinaus von Bedeutung für den eigenen Lebensweg sind – rückblickend Weichenstellungen bewirkt haben. Menschen und Momente, von denen man ein Leben lang spricht, weil sie eine tiefe Prägung in der eigenen Biografie hinterlassen haben.

Während der letzten Monate, die Jörg Asmussen als Zivildienstleistender in seinem Flensburger Elternhaus verbrachte, wurde er Mitglied der Sozialdemokratischen Partei Deutschlands. „Ich bin wegen Helmut Schmidt in die SPD eingetreten." Ein Schritt, auf den der nächste große folgte. 1988 überquerte er die Grenze Schleswig-Holsteins, zog nach Bonn und immatrikulierte sich an der Universität für Volkswirtschaftslehre. „Jetzt ist der Punkt, wo Du auch mal weiter weggehst und auf eigenen Beinen stehst."

Sehr bald stand er stabil, lief dann los und dominierte im Sprint und im Marathon. 1994 schloss er an der Universität Bonn als Stipendiat des Evangelischen Studentenwerks mit dem Diplom ab. Parallel erreichte er an einer Mailänder Privatuniversität den Master of Business Administrations.

Diplom-Volkswirt Jörg Asmussen, MBA. Im Alter von 28 Jahren betrat er die Arbeitswelt und startete als Projektleiter am Institut für Sozialforschung und Gesellschaftspolitik in Köln. Zwei Jahre später begann er in Berlin seine Karriere im Bundesfinanzministerium unter Theo Waigel und arbeitete dort bis 1998 als Referent für internationale und nationale Währungspolitik.

Mit dem Regierungswechsel übernahm Oskar Lafontaine den Ministerposten und beförderte Jörg Asmussen zum persönlichen Referenten seines Staatssekretärs. 1999, nach Lafontaines Rücktritt, wurde Hans Eichel Finanzminister. Er ernannte den Flensburger zu seinem persönlichen Referenten und übertrug ihm die Leitung seines Ministerbüros; drei Jahre später die der Unterabteilung Grundsatzfragen der Europapolitik.

Von 2003 bis 2008 führte Asmussen die gesamte Abteilung Finanzmarktpolitik des Ministeriums. Zum 1. Juli 2008 folgte darauf die Ernennung zum beamteten Staatssekretär von Peer Steinbrück. Auch dessen Nachfolger Wolfgang Schäuble setzte als CDU-Finanzminister die Zusammenarbeit mit SPD-Asmussen fort. Bis 2011 blieb er der höchste Beamte des Finanzministeriums. 2012 wurde er nach Frankfurt zur Europäischen Zentralbank berufen und dort zum Mitglied des Direktoriums unter Mario Draghi ernannt. Knapp zwei Jahre später kehrte er nach Berlin zurück, als beamteter Staatssekretär von Andrea Nahles im Bundesministerium für Arbeit und Soziales.

Hier sitzt er nun, im Gebäude mit der Anschrift Wilhelmstraße 49, das ursprünglich ein barockes Adelspalais war. Schwere Türen gilt es zu öffnen bis zu Jörg Asmussens Besprechungstisch, lange Flure zu beschreiten. Braun lackiertes Eichenholz und blaue Stoffe dominieren sein ausgedehntes Amtszimmer, in dem jeder Ordner auf dem Schreibtisch und jeder Bilderrahmen im Regal ihren festen Platz zu haben scheint. Klarheit und Präzision, Ordnung und Sauberkeit – Jörg Asmussen muss den Überblick behalten. Auf dem freischwingenden Konferenzstuhl lässt er sein rechtes Bein über die Armlehne baumeln, die rechte Hand führt eine Flasche Cola Zero zum Mund.

„Als Jugendlicher hatte ich die Idee, im Wirtschafts- und Finanzbereich Politikberatung zu machen.“ Mit großer Zielstrebigkeit realisierte er diese Vorstellung. „Ich glaube, man braucht Glück und man muss hart arbeiten. Und wenn man für Spitzenpolitiker tätig ist, muss man ein klares Rollenverständnis haben. Auch als Spitzenbeamter stehst du selber – zu Recht – nie im Vordergrund. Das ist eine dienende Rolle; da ist die Frage: Was brauchen diese Leute? Wir haben wachsende Datenmengen – wie macht man aus Datenmüll Informationen? Das ist immer die Kernaufgabe.“ Daten zu lesen und daraus ein Ziel zu formulieren. „Und dann muss man seine Instrumente so einstellen, dass man dieses Ziel erreicht.“

Jörg Asmussen gilt als einer der wichtigsten Experten für Finanzpolitik. 2011, vor seinem Amtsantritt im Direktorium der Europäischen Zentralbank, positionierte ihn die Zeitschrift WirtschaftsWoche in der Liste der 100 mächtigsten Deutschen auf den siebenten Rang. Er sieht seinen Platz in der zweiten Reihe. Nachrichtenbilder zeigen ihn meist „an der Seite von...“ – und doch stellt die Presse ihn oft ins Zentrum. In unzähligen Artikeln analysieren Journalisten seinen politischen Einfluss, seine Macht – die Person Jörg Asmussen. Und titeln: Der Brandbekämpfer. Der Strippenzieher. Der Schattenmann. Der Falke im Taubenkleid.

Seine Selbstwahrnehmung fällt nüchterner aus. „Ich glaube schon, dass ich versuchen kann, aus großen Informationsmengen die wesentlichen Dinge herauszufiltern, Strukturen zu erkennen, auch Trends. Da kann man sich jedes Mal irren, aber es ist immer der Versuch.“ Gegen die scharfe mediale Berichterstattung hat er sich mit den Jahren innerlich gewappnet. „It comes with the job. Da zahlt man auch Lehrgeld, das muss man auch sagen. Aber man muss sich daran gewöhnen. Wenn man jedes Mal, wenn man etwas Schlechtes über sich in der Zeitung liest, überlegt, sich einen Strick zu nehmen, sollte man diesen Beruf nicht machen. Man muss irgendwann akzeptieren, dass Leute über einen schreiben, die man persönlich absolut nicht kennt.“ Wieder wippt sein Bein dynamisch leicht über der Stuhllehne. Die blauen Augen blicken weit geöffnet durch ein filigranes Brillenmodell. Königsblau ist auch der Anzug, den Jörg Asmussen trägt – klassisch maritim – darunter ein tailliertes weißes Hemd mit rosa Krawatte.

Seine Worte wählt er ruhig und überlegt, hält die Spannung aufrecht. Er artikuliert mit Präzision, seine Flensburger Herkunft „zeicht“ sich dennoch, wenn er „sacht“ woran das „liecht“. „Meine Mutter war Lehrerin und es war ihr immer extrem wichtig, dass wir Kinder hochdeutsch sprechen.“ In den Ohren seiner Frau klingt die nordische Färbung sehr auffällig, aber wenn er mit Beratern seine mediale Wirkung analysiert, fällt das Feedback positiv aus. Ein Gedanke, der ihn erfreut. „Also, so lange man im politischen Bereich wie Helmut Schmidt spricht, ist das immer gut.“ Der Hanseat ist eine zentrale Persönlichkeit für ihn, Leitfigur auf Asmussens Weg in die Politik. „Ich fand, er hatte einen sehr nüchternen, dienenden Begriff von dem, was Politiker tun sollen. Er hat immer gesagt, er sei der erste Angestellte des Staates – nicht der König oder Ähnliches – sondern er ist angestellt. Das finde ich sehr angenehm." Sich selbst und das eigene Amt nicht überhöhen, Jörg Asmussen formuliert seine Überlegungen und wieder münden sie in einer Grenzthematik. Als fünfter Bundeskanzler gründete Helmut Schmidt 1975 mit dem damaligen französischen Präsidenten Giscard D'Estaing die G7-Gipfel. Es war der erste Versuch der bedeutendsten Industrienationen der Welt, sich zu koordinieren – eine Antwort auf die wachsende Globalisierung. Zu Zeiten der Ölkrise versuchten so das Vereinigte Königreich, Japan, die USA, Kanada, Italien, Frankreich und Deutschland gemeinschaftliche Lösungen für gemeinsame Probleme zu finden, der Kern für vieles, was heute in globaler Politikkoordinierung alltäglich geworden ist. „Das wissen wir: Die großen Fragen, die wir haben, ob das Klimaerwärmung ist oder Migration, die machen ja an Landesgrenzen nicht halt. So. Und man muss auch kulturell feststellen: Vieles ist einfach anders – ist es schlechter?"

Die Idee eines jährlichen Weltwirtschaftsgipfels hat sich bis heute durchgesetzt. Jörg Asmussen beobachtete diese Treffen, bei denen die Wirtschafts- und Finanzpolitik der jeweiligen Länder abgestimmt wird, seit seinem SPD-Eintritt nach dem Abitur. Und entdeckte schnell, inwiefern er partizipieren möchte – als Mann der zweiten Reihe. „Jeder Staats- und Regierungschef hat einen ganz engen Beamten, den sogenannten Scherpa, der den jeweiligen Gipfel vorbereitet. Das fand ich beruflich immer hochattraktiv.“ Sein Traum vom Scherpa erfüllte sich 2011, als er beim G20-Gipfel in Cannes der persönliche Beauftragte von Bundeskanzlerin Angela Merkel wurde. „Glück gehabt!“ Bei Mount-Everest-Besteigungen führen Scherpas zum Gipfel, das Gepäck der Bergsteiger schulternd – wie schwer hat er an dieser Rolle getragen? Er macht eine lange Pause, atmet lachend aus und findet zögernd seine Formulierung. „Man hat es – überlebt.“

So zeigt sich auch der Sportler. Ein Mann, der etwas bewegen will und auch sich. Schon zu Goetheschulzeiten verbrachte er seine freie Zeit überwiegend mit Sport. Die Disziplinen der Leichtathletik trainierte er Anfang der 80er im Flensburger Stadion, Volleyball und Handball spielte er im Verein. Und er lief. Rannte am Strand von Solitüde oder erweiterte die Route. „Man konnte von Jürgensby den ganzen Weg nach Glücksburg joggen, die Nordstraße raus und über Mürwik zurück, die lange Strecke.“ Sport als Gegenprogramm zur geistigen Aktivität, zur Auseinandersetzung mit Geschichte und den großen politischen Zusammenhängen. Für den Schüler seine zweite Interessenswelt. „Und ich tue das heute noch, wann immer ich kann. Auch, wenn man lange nicht mehr so schnell ist.“ Diese körperliche Aktivität bereicherte ihn damals wie jetzt. Seinen Arbeitsweg vom Prenzlauer Berg ins Regierungsviertel fährt er mit dem Fahrrad. Wann immer seine zwei Terminkalender es ihm erlauben, schnürt er die Laufschuhe, unabhängig davon, über welchen europäischen Grund sie ihn tragen. Sport als Leidenschaft.

„Das ist eine völlig andere Welt, die ich als Ausgleich brauche – für mich ist das zwingend." Loslaufen. Loslassen.

Freie Zeit ist rar in seinem Leben, seit mittlerweile zwanzig Jahren erweitert sich seine berufliche Vita kontinuierlich um neue Spitzenpositionen. Die Höhepunkte liegen in den Krisenzeiten. „Es gab zwei Phasen, die im Grunde für ein Berufsleben fast ausreichen. Erstens die Bankenkrise – im Kern im Jahr 2008 – wo, laut Aussage des damaligen Bankenaufsehers, die Kernschmelze des Weltfinanzsystems drohte. Das war etwas drastisch formuliert, aber es war schon eine sehr schwierige Situation, wo man versucht hat, den Bankensektor insgesamt zu stabilisieren. Zweitens, dass im Sommer 2012 ein Auseinanderbrechen der Eurozone drohte. Auch das musste man verhindern." Die bisher wichtigsten Aufgaben seiner Karriere. Er stand mit an der Spitze des Krisenstabs, der in kurzer Zeit Lösungsansätze fand und Gesetze formulieren musste; ein immenser Druck unter extremen Arbeitsbedingungen, eine hochgradige Verantwortung im Bereich der obersten geldpolitischen Instanzen. Jörg Asmussens Amtszeit als Direktoriumsmitglied der Europäischen Zentralbank galt für acht Jahre, doch er beendete diese nach knapp zwei Jahren Ende 2013 und nannte den spekulierenden Medienvertretern „private Gründe".

Er präzisiert: zu hoch auf Dauer das Reisepensum vom Amtssitz Frankfurt, zu wenig gemeinsame Zeit mit seiner Frau und den beiden Töchtern in Berlin. Er spricht viel von seinen Kindern im Grundschulalter, zitiert sie und ist fasziniert von ihrem Blickwinkel. „Meine Kinder sind in Berlin geboren, die haben dieses Großschnäuzige, das man hier offenbar mit der Luft einatmet." Als sein Arbeitspensum das Familienleben zunehmend belastete, setzte er die Prioritäten neu und kehrte nach Berlin zurück. Durch den Wechsel ins Arbeitsministerium verlagerte er auch sein berufliches Leben wieder in die Hauptstadt. Wann immer es möglich ist, bringt er seine Kinder zur Schule und kann ihren Alltag hautnah mitgestalten. Mit seiner Familie gelingt es ihm, immer wieder Abstand zu den beruflichen Herausforderungen zu gewinnen. „Ich glaube, um Eurorettungsschirme, Bankenrettung – alles – zu relativieren, braucht man ein Privatleben, das völlig abgeschottet von Politik stattfindet. Auch Freunde, die völlig andere Berufsbereiche und Wertmaßstäbe haben." Er denkt dabei auch an seinen besten Freund, den er im Alter von vier Jahren in der Vorschule kennengelernt hat. „Manchmal treffen wir uns wieder in Flensburg, das beugt auch vor, berufsblind zu werden."

Ungefähr dreimal im Jahr verbringt er Zeit in seiner Heimatstadt. Sein erster Weg führt ihn immer mit seinem Vater an die Förde. „Und wenn wir nur zu Fuß eine Runde am Museumshafen drehen. Erstmal muss ich ans Wasser. Dann bin ich irgendwie da."

Er stellt das über die Armlehne baumelnde Bein wieder auf den Fußboden, sitzt kurz aufrecht und stützt dann beide Ellenbogen auf den Konferenztisch. „Am nächsten Tag gehe ich dann alleine joggen, denn nichts ist schöner als am Wasser zu laufen." Und bei klarer Luft den Blick über die Grenze nach Dänemark schweifen zu lassen. Mit dem Norden fühlt er sich verwurzelt, ist sich der tiefgreifenden Prägungen in seiner Heimatstadt heute bewusster denn je. Jörg Asmussen beschreibt seine Vergangenheit sehr reflektiert – wie strategisch sind Schritte in die Zukunft? Der Aufstieg vom Staatssekretär zum Minister erscheint für Außenstehende naheliegend. Nicht für ihn. „Ich glaube man muss auch seine Grenzen kennen." In diesem Moment stellt er die leere Flasche Cola Zero zurück auf die Tischmitte. Wieder fällt das Stichwort Grenzen, vielleicht ein Schlüsselwort in seiner Biographie. „Man muss versuchen zu verstehen, was man kann und was man nicht gut kann. Ich glaube, wenn man permanent in der Öffentlichkeit steht, das ist auch ein Stück Unfreiheit." Ungefähr 20 Jahre seines Berufslebens liegen noch vor ihm. Vieles hat er erreicht und immer wieder taucht die Frage nach den mittel- und langfristigen Plänen auf. Seine Antwort überrascht. „Ich glaube, da muss man irgendwann dann mal etwas ganz anderes machen. Ich sage dann immer: Ich lege mir irgendwann einen Bauernhof in Brandenburg zu und betreibe biologische Landwirtschaft oder ich gehe in die Entwicklungshilfe. Und dann sagen die Leute: Jörg, das machst du nie." Er schmunzelt und zieht die Augenbrauen hoch. „Wait and see."

Längst warten die nordischen Botschafter im Restaurant auf ihn und danach ist seine Meinung zur europäischen Flüchtlingslage im Kanzleramt gefragt. Wenn seine Töchter am Abend eine Gute-Nacht-Geschichte hören wollen, bestätigt sich für Jörg Asmussen aufs Neue: „Zum Abschalten und Distanz gewinnen braucht man einfach ein Leben, das jenseits von Politik stattfindet."

--

Mai 2016. Ein Freitagmorgen in Berlin. Am Vorabend ist Jörg Asmussen von einer Reise aus New York zurückgekehrt und noch ein bisschen müde. Deutsche Botschaft? UNO-Hauptquartier? Krisengipfel? Weltpolitik? Nein.

„In meinem Leben dreht sich momentan alles um zwei Blondinen." Er lacht. Und von Müdigkeit ist nichts mehr zu spüren. Freiheitsstatue. Brooklyn Bridge. Times Square. Central Park. Er erzählt von seiner Ferienreise mit den beiden Töchtern. Vom Leben jenseits der Politik – im „einstweiligen Ruhestand". In den vergangenen sechs Monaten hat sich der Alltag des ehemaligen Staatssekretärs tiefgreifend verändert.

Im Dezember 2015 räumte er sein Büro im Ministerium in der Wilhelmstraße 49 und verabschiedete sich nach zweijähriger Zusammenarbeit von seiner Chefin Andrea Nahles. Der nächste berufliche Schritt sollte folgen. „Es war immer der Plan, dass ich da nicht endlos bleibe. Ich bin ja damals von der EZB wegen der Kinder zurück nach Berlin gegangen – damals war klar, dass das Arbeitsministerium gut, aber nicht perfekt ist für mich." Die Dauer seiner Mitarbeit blieb beim Amtsantritt undefiniert und das Ende wurde 2015 einvernehmlich auf den Jahreswechsel datiert. „Insofern war der Weggang eine freundliche, friedliche Entscheidung – auch von Andrea Nahles und mir."

Zumal sein Karriereweg durch ein hochattraktives Angebot von Bundeswirtschaftsminister Sigmar Gabriel weitergehen sollte: mit dem Wechsel zur KfW (Kreditanstalt für Wiederaufbau), der weltweit größten nationalen Förderbank, deren Rechtsaufsicht das Bundesministerium der Finanzen innehat. „Sein" langjähriges Ministerium. „Der Plan war – mittelfristig – in den Vorstand der KfW zu kommen. Das fand ich sehr reizvoll, weil es eben eine Förderbank ist – die fördern Bodenbauprojekte in Togo und Solardächer in Deutschland und Ähnliches." Für den Sozialdemokraten bot sich die Möglichkeit, eine Gemeinwesenaufgabe mit Banktätigkeit zu verbinden. „Das fand ich gut. Das hätte ich immer schon mal gerne getan. Es hat einen erheblichen entwicklungspolitischen Aspekt, der mir immer schon am Herzen gelegen hat." Einen kurzen Moment überlegt er, rechnet – und kommt auf sechsunddreißig Jahre, die seit dem Verkauf des fair gehandelten Kaffees in seiner Flensburger Kirchengemeinde vergangen sind. Sein Wunsch, nachhaltige Projekte zu unterstützen, blieb seitdem ungebrochen.

„Und dann hat das ganz klar nicht funktioniert." Die Vertragsverhandlungen mit der KfW scheiterten. Hauptsitz der drittgrößten deutschen Bank ist Frankfurt, in Berlin gibt es eine Niederlassung am Gendarmenmarkt. „Es machte sich fest an dem Thema, wo arbeitet man wann. Ich habe gesagt, ich würde unbegrenzt reisen, aber wenn ich nicht reise, würde ich einen erheblichen Teil meiner Zeit in dem KfW-Büro in Berlin verbringen wollen – wegen der Kinder."

Pause. Die Vereinbarkeit von Beruf und Karriere hatte seine Grenzen. „Darüber haben wir uns dann nicht verständigen können. Das muss man ganz klar so sagen. Der Vorstandsvorsitzende der KfW hat abgelehnt. Wir haben uns darüber dann wochenlang in den Haaren gelegen." Das Ergebnis fällt nüchtern aus. „Den Machtkampf habe ich verloren. Punkt."

Eine große Enttäuschung. Die bisher größte in seinem Berufsleben. „Die KfW – das wär's wirklich gewesen. Ich hätte den Job sehr, sehr gerne gemacht. Aber man muss halt akzeptieren, dass man Machtkämpfe auch mal verliert. Jeder weiß, dass das irgendwann kommt, wenn man in diesem Business ist. Das ist dann schmerzhaft, ja. Weil du halt feststellst: Du hast das Ding verloren. Weil du zu viele Gegner hattest. Weil du zu wenig Unterstützung hattest. So. Das ist schmerzhaft." Zu seinem Verhandlungsstandpunkt steht er nach wie vor. „Ich war nicht bereit, da Kompromisse zu machen. Ich fand es nicht akzeptabel zu sagen, man muss – wenn man nicht reist – fünf Tage im Büro in Frankfurt sein. Wenn doch die Bank in Berlin ein Büro mit 500 Leuten hat."

Ein Machtkampf. Dann erst einmal nichts. Der Posten des Staatssekretärs von Andrea Nahles wurde in der Zwischenzeit neu besetzt. „Man muss sich dann sortieren und auch wieder nach vorne gucken und überlegen, was mach' ich jetzt Neues." Drei kurzfristige Tätigkeiten hat er seit Anfang 2016 übernommen: Das Jaques Delors Institut Berlin unterstützt er unentgeltlich bei einem Bericht über die Zukunft der europäischen Währungsunion. Parallel hat er zwei Aufsichtsratsmandate angenommen: Beim Fin-Tech-Start-up Funding Circle, einem etablierten Online-Kreditmarktplatz. Und bei einer Tochtergesellschaft der Generali, dem großen italienischen Versicherungskonzern. Zwei gegensätzlich operierende Firmen. Funding Circle ist ein junges Unternehmen der digitalen Gegenwart und Zukunft. Wie entwickelt sich der Finanzsektor an der technischen Front weiter? Was entstehen da für Arbeitsplätze? Jörg Asmussen berät die jungen Geschäftsführer mit seiner Erfahrung und dem Wissen über politische Strukturen hinter den Finanzmärkten. Gleichzeitig kann er bei der Online-Plattform interessante Einblicke in die digitale Finanzwelt gewinnen. Die Generali-Tochtergesellschaft, den traditionellen Weltkonzern, vergleicht er mit einem Tanker, der sich viel langsamer bewegt. Ebenso spannend.

Alle drei Tätigkeiten sind für ihn reizvoll, aber im zeitlichen Arbeitsaufwand überschaubar. „Daneben gucke ich jetzt, was ich nach der Sommerpause hauptberuflich machen werde." Mit der Entscheidung lässt er sich Zeit. Sie soll stimmig sein. Seine freie Zeit bedeutet auch Freiheit. Alles, wofür ihm immer die Zeit fehlte, erlebt er jetzt intensiver. Familie. Garten. Joggen. Nachdenken. „Am Anfang war es schwer, so ruckartig aus einem 120-Prozent-Job rauszugehen. Aber im Laufe der Zeit gewinnt das in der Tat an Qualität. Weil man überlegen kann, was ist einem jetzt wichtig und was nicht. Auch welche Menschen sind es, oder eben nicht. Man fängt mal an, fünf Tage keine Zeitung zu lesen – ganz neu. Und das Leben geht auch weiter." Zwischenmenschlich erlebt er Positives und Negatives. Solidarität und Rückzug. Es zeigt sich, wer Freund ist – und wer nur Weggefährte war.

Sonderburg
Flensburger Förde
Glücksburg
Harrislee
Flensburg
Gelting

Ist die Politik passé? „Ich glaube kurzfristig: ja. Was in fünf Jahren ist, weiß man nicht. So eine Erfahrung muss man eben auch mal machen. Es geht nicht immer alles ganz glatt. Theoretisch weiß man das. Praktisch muss man das dann mal erleben. Aber ich bin guter Dinge, dass es ab September beruflich spannend weitergeht." Vorher will er einen entspannten Sommerurlaub mit der Familie verbringen. In welcher Branche sieht er seine Zukunft?

Es wird im privatwirtschaftlichen Sektor sein. Er wird keine Waffen verkaufen und auch nicht dafür lobbyieren, dass Banken weniger reguliert werden. Es muss mit seinen Kindern zusammenpassen. Es wird etwas Internationales sein. Und es wird etwas sein, bei dem er guten Gewissens in den Spiegel gucken kann.

Medial gibt es erneut Spekulationen um seine Person – Mutmaßungen über einen Geheimplan. Jörg Asmussen lacht darüber und kennt seine Wahrheit.

„Ich habe immer einen strategischen Plan, aber der dreht sich ganz marginal um zwei kleine Blondinen."

Axel Stosberg

Axel Stosberg
*18.07.1967

„Es gibt keinen Zweifel. Es gibt aber auch keine Hoffnung. Es ist die Gegenwart.“ Axel Stosberg. Masseur. Uhrmacher. Schauspieler. Sänger. „Ich habe nie ein Problem gehabt, eine Tür zu schließen, bevor sich eine andere geöffnet hat.“ Axel Stosberg ist durch viele Türen gegangen. Er hat sie geöffnet und er hat sie geschlossen.

Die Gegenwart: Ein grauer Tag. Regen, der von weit oben kommt und, als hätte es nie eine andere Möglichkeit gegeben, auf den Boden fällt. Im Tonstudio von Elephant Music in Flensburg, im Harnis 11, sitzt Axel Stosberg in einem schwarzen Ledersessel; hinter ihm auf dem Fußboden lehnt die eingerahmte Platin-Auszeichnung des Albums „Bis ans Ende der Welt“. Es ist auch seine, denn Axel Stosberg ist einer der fünf Männer, die seit 2012 mit der Band Santiano einen überragenden Erfolg haben. „Hier hat das alles angefangen.“ An einem sonnigen Tag im Juli 1967 begann das Leben von Axel Stosberg in der Flensburger Förde-Klinik. Die Kindheit mit Bruder und Mutter in Fruerlund – spielerisch: ein Abenteuerspielplatz direkt vor der Haustür in der Eiderstraße, viele Kinder in der Nachbarschaft und früh entwickelte Leidenschaft beim Fußballspielen im Stadion. Vieles verkläre sich und verschwimme aber auch mit den Jahren und sei für ihn wenig konkret in der Schublade der Erinnerungen. „Es gab Höhen und Tiefen, auch dadurch, dass ich ein Schlüsselkind war." Der Vater lebte als Masseur in Pinneberg, seine Mutter arbeitete Vollzeit in der Standortverwaltung bei der Marine in Mürwik. Die Auseinandersetzung mit den Schwierigkeiten von damals erachte er für wichtig, auch zu akzeptieren, dass sich die Schublade hin und wieder öffnet, er hineingucke, sie dann aber auch wieder schließe. „Man versucht Dinge aus der Kindheit zu analysieren, um daraus eine Rechtfertigung abzuleiten, wie man sich heute verhält oder wie man bestimmte Dinge sieht. Das ist zwar legitim, lehne ich für mich aber ab." Pur und präzise entstehen die Bilder vom Fußballspielen im Stadion, jede freie Minute habe er dort verbracht, talentiert. Flensburg 08 ist bis heute, nun schon über 40 Jahre, sein Verein. Anfragen von Clubs höherer Ligen lehnte er ab. Ihm sei es nie um die Leistung gegangen, das Spiel im Moment, der Spaß, seine Kumpels – sie standen im Vordergrund. „Mich hat nie jemand aufgebaut und gesagt: Du kannst als Fußballer das und das erreichen, wenn du jetzt diesen Weg gehst! – Vielleicht hätte ich das gebraucht."

Ein Thema, das sich wie ein roter Faden durch sein Leben zieht. Er hat nie ein Ziel in der Ferne gesehen und darauf hingearbeitet, immer den Moment gelebt. Ehrgeiz beschränkt sich bei ihm auf eine konkrete Aufgabe im Jetzt. „Ich kann kein Ziel in der Ferne aufnehmen und mit Ehrgeiz daran arbeiten, dass ich dahin komme. Das konnte ich nie, das habe ich nie gemacht." Freiheit – carpe diem? Oder Abhängigkeit – wem begegnest du wann und wer gibt dir welche

Impulse? Vertraut hat er immer auf sein Bauchgefühl, auf seine Instinkte, die ihn haben spüren lassen, wann er eine Tür schließen wollte und eine andere öffnen.

Grundschule Fruerlund. Realschule Ost. „Was für eine Zeit. Fürchterlich!" 1985 endlich der Abschluss – Mittlere Reife. Und die ersten gereiften Schritte. Mit seinem Berufswunsch hat er früh unbewusst seinem Vater nachgeeifert und sich an der Staatlichen Schule für Masseure in Kiel angemeldet. Während der Wartezeit bis zum Ausbildungsbeginn hart gearbeitet – Burger bei McDonald's gebraten, im Wasserslebener Grenzladen Kartons gestapelt und – als „Seemann Stosberg" an Bord des Butterdampfers Thor Viking zwischen Flensburg und Sonderburg im Supermarkt die Waren aufgefüllt. Mit Seefahrtbuch. „Da haben sich Dramen abgespielt. Wenn die Horde Verrückter in den Bordsupermarkt gestürmt ist, musste ich schnell zur Seite springen, mit Stöcken haben die sich geschlagen, um die Ware aus den Regalen zu reißen. Ich stand dahinter und habe die Ware nachgeschoben. Unfassbar."

Mit hochgezogenen Mundwinkeln dreht er den Kopf Richtung Fenster. Es regnet noch immer. Stille. Der Blick kehrt konzentriert zurück. Mit 18 Jahren nahm er vom Briefträger den Einberufungsbefehl entgegen. Eine schlimme Zeit war die Grundausbildung in Itzehoe. Als Jüngster in der Kompanie litt er unter dem Drill der Unteroffiziere. „Ich will nicht ins Detail gehen, aber das war hart. Das war wirklich hart." Aus finanzieller Notwendigkeit entschied er sich dennoch, als Bundeswehrsanitäter 15 Monate bis zum Beginn der Masseurausbildung durchzuhalten. Er geht dann doch ins Detail. Berichtet von Guerillakampfübungen bei Wind und Wetter, unehrenhaften Entlassungen seiner Vorgesetzten, von einer verlorenen Zeit, in der er auch sich selbst verloren hat. Beginnt Sätze, bricht sie ab. Der humorvolle Versuch einer Distanzierung. Er will dann nicht weiter ins Detail gehen, abkürzen, erinnert sich noch an den Tag der Entlassungsfeier und die Abschiedsworte durch seinen Oberfeldwebel: „Stosberg, aus Ihnen wird nie was!" Ein Satz, der ihn getroffen und sich ihm tief eingebrannt hat. Er lacht. „Rückblickend, nach diesen ganzen Jahren, kann man natürlich müde darüber lächeln. Witzigerweise ziehe ich ihn unbewusst manchmal als Motivation. Wenn ich jetzt zurückblicke, denke ich: Ach, aus Dir ist doch ganz gut was geworden."

Freundschaften – wie oftmals in extremen Lebenssituationen – ist Axel Stosberg in dieser Phase Menschen begegnet, die er auch heute noch „seine engsten Kumpels" nennt. Im Alter von zwanzig streiften sie gemeinsam durchs Flensburger Nachtleben, durch die Diskotheken Mirage, Crypton und Roxy. Und fuhren nach Dänemark zum Ausgehen. „Das war immer wahnsinnig spannend, du wusstest nie, was passiert. Die dänischen Jungs waren nicht gerade begeistert, wenn deutsche Jungs kamen und versuchten – in Anführungsstrichen – was abzugreifen. Da sind diverse Scheinwerfer von unseren Autos kaputt gegangen. Heiße Zeit gewesen." Seine braunen Augen funkeln bei der Erinnerung.

In Kiel begann 1988 die Ausbildung zum Masseur. Finanziell war es schwierig, die Miete nicht bezahlbar. Mit

Charme ist es ihm gelungen, für einhundert Mark als einziger Mann ein Zimmer in einem Schwesternheim zu bekommen. Wieder strahlen die braunen Augen. Wieder erschwert die Machtausübung eines Vorgesetzten seinen Weg. „Ich hatte vom ersten Tag an einen Schulleiter, der mich auf den Tod nicht ausstehen konnte. Der hat alles dafür getan, dass ich durch die Prüfung rassle." Eine Herausforderung. Für Physis und Psyche. Er kämpfte sich durch alle Widerstände. Kein Geld. „Ich habe heimlich die Essensfächer meiner Kommilitonen geplündert, damit ich mal ein Stück Schwarzbrot und ein bisschen Butter drauf essen konnte. Es war fürchterlich." Als Drittbester des Jahrgangs schloss er die Ausbildung erfolgreich ab. Es folgte das Klinikum in Damp. Eine Erfahrung, die er als großen Höhepunkt empfunden hat. Blütezeit. Sommer 1990. Fußball-Weltmeisterschaft. Heiße Wochen am Ostseestrand.

„Als ich danach die erste Festanstellung bekam, da habe ich gedacht: Jetzt geht's los! Habe dann angefangen zu arbeiten und merkte ganz schnell, wo Bartel den Most holt." Morgens um halb sieben rein in die Massagepraxis, abends um sieben raus aus der Praxis. Vier Patienten pro Stunde, nebenbei Telefondienst, Kabinen saubermachen, Fangopackungen gießen. Seelsorger für die Patienten. – Über vier Jahre war das sein Arbeitsalltag. „Ich war ein sehr guter Therapeut, habe gute Techniken, viel Einfühlungsvermögen – einen guten innerlichen Blick für den Patienten gehabt."

1994 bot ihm sein Vater an, dessen Praxis in Pinneberg zu übernehmen. Stosberg lehnte ab. Ein Bauchgefühl.

Und es wurde grundsätzlich. „Mir wurde dann klar, auf einen Schlag, dass der Wunsch, diesen Beruf zu ergreifen nicht aus mir gewachsen ist, sondern eigentlich eine Projektion war. Als ich das merkte, da fiel mir fast die Kinnlade runter." Von heute auf morgen kündigte er fristlos. Schloss die Tür der Massagepraxis hinter sich. Ein Schritt raus aus der Abhängigkeit. Abgrenzung vom Vater. Aus heutiger Sicht eine in sich stimmige Phase, das Bedürfnis ihm nachzueifern war in sehr jungen Jahren gewachsen. Das lebte er mit dem Beruf – auch körperlich – aus und hatte es sozusagen abgearbeitet. Mit dem Ablehnen der Praxisübernahme dann die Erkenntnis und Initialzündung, einen klaren Schnitt zu machen. Selbstbestimmt. Jetzt ich. „Das war eine super Entscheidung zugunsten einer großen innerlichen Freiheit!"

Am Tresen vom Porticus öffnete sich bald eine neue Tür. Mit seinem Freund, dem Juwelier Kurt Ohlsen, sinnierte er bei einigen Gläsern Cola-Rum über die Zukunft. Vogelfrei – wie geht's denn jetzt weiter? „Wir hatten einen kleinen im Tee und dann sagte er: Wäre doch ganz witzig, wenn Du bei mir als Uhrmacher anfängst. Wir lachten uns tot, wie das denn wäre. – Warum eigentlich nicht? Ich hab nichts weiter vor." Ein paar Tage später unterschrieb er beim Arbeitsamt den Vertrag zur Umschulung. Zwei Jahre Ausbildung. Die Geburt seiner ersten Tochter.

1996. Axel Stosberg – Uhrmacher. Vier Jahre lang reparierte und restaurierte er Uhren in der Werkstatt von Juwelier Jürgensen. Suchte in Kleinstteilen nach dem Defekt und erweckte die Uhr wieder zum Leben. „Es ist der einzige

Beruf, wo man fluchen darf. Und zwar lauthals. Die Arbeiten sind so klein und fein, dass man den Druck loslassen muss. Es gibt Schrauben, die sind so groß wie ein Staubkorn in Deinem Auge. Und dafür gibt's auch noch Schraubendreher." Ein Vergleich zum Beruf des Masseurs liegt nahe: Auch hier die Suche nach dem inneren Konflikt, dem kleinen Detail, das verrutscht ist und den Patienten in seinem Bewegungsablauf hemmt; das Uhrwerk zum Stillstand bringt. Stosbergs Hände und sein Blick für die inneren Zusammenhänge brachten es wieder zum Laufen. „Diese typische Uhrmacher-Lupe, die man sich zwischen die Augen klemmt, das ist wie abgeschottet sein und in ein kleines Universum, in eine Seele hineinzuschauen. Es hat mir wahnsinnig viel Spaß gemacht." Er spricht schneller. Begeistert.

Zigarettenpause unter dem Dachüberstand. Der Regen hat eine besondere Art, den Blick an sich zu fesseln; um ihm zuzuschauen, wie er auf die Erde fällt, als hätte es nie eine andere Möglichkeit gegeben. Axel Stosbergs Augen folgen den Tropfen, während seine linke Hand vor der Kühle in die Jeanstasche flüchtet. Eine Uhr trägt er nicht. Kurz vor der Jahrtausendwende halbierte Stosberg seine Stundenzahl in der Juwelierwerkstatt, wollte parallel im Porticus arbeiten. „Meine Stammkneipe wurde mein zweiter Arbeitsplatz." Die freie Zeit verbrachte er weiterhin auf dem Fußballplatz und immer häufiger auch als Sänger. „Über eine Band, die wir damals gehabt haben, ist man im Porticus auf mich aufmerksam geworden." Oberhalb, im Orpheus, wurde eine Brecht/Weill-Revue inszeniert und Axel Stosberg spontan für eine Rolle besetzt. „Ich hatte Lust, aber ich war grottenschlecht. Es gibt Aufnahmen von der Generalprobe – unfassbar schlecht, was ich da gemacht habe.“ Die Vehemenz in seinen Worten und lautes Lachen vermitteln einen glaubhaften Eindruck seiner ersten schauspielerischen Schritte.

Und dennoch: Der Abend wurde für alle ein überraschend großer Erfolg und viele weitere Vorstellungen folgten. „Wir haben die Revue dann sogar im Oluf-Samson-Gang aufgeführt – oben abgesperrt, unten abgesperrt. Bei Nieselregen Stühle aufgestellt, die Prostituierten haben für das Publikum Schmalzbrote aus den Fenstern raus verkauft.“ Gelder flossen. Mit den Luden aus Kiel musste der zweitägige Verdienstausfall verhandelt werden. „Da hatte ich nichts mit am Hut. Aber das Spielen war richtig toll, machte riesig Spaß. Und ich wurde anscheinend besser.“ Christoph Bleidt, Regisseur und Intendant der Niederdeutschen Bühne, bot ihm in der Folge ein Stück an und öffnete ihm die Tür in sein Haus. Das Jahr 2000. Zunächst sei die Schauspielerei nur ein Hobby gewesen, aber als beim Intendantenwechsel Rolf Petersen aus Hamburg die Leitung der Bühne übernahm, stand Stosberg schnell auf der Schwelle in einen neuen Beruf – er bekam eine Einladung ins Ohnsorg-Theater. Er richtet sich auf im schwarzen Ledersessel, sucht nach Worten. „Das war natürlich aufregend. Als Kinder durften wir länger aufbleiben, wenn Ohnsorg im Fernsehen kam!“ Nun fließen die Gedanken. Mit wachem Blick und in großer Präzision beschreibt er jeden Schritt des Tages, das Betreten der für ihn „heiligen Bretter dieses ehrwürdigen Hauses“. An einem langen Tisch mit fünf Stühlen habe ihm die gesamte Leitung gegenübergesessen und wollte ihn kennenlernen, als potentielle Besetzung für eine Rolle im Weihnachtsmärchen.

„Ich hatte danach ein neutrales Gefühl. Was will man sich da groß Hoffnung machen, dass man beim Ohnsorg-Theater eine Rolle bekommt, als Provinzler. Ich war ja Uhrmacher!“ Nach zwei Wochen dann die Mailboxnachricht. Er zitiert wortgetreu: „Sehr geehrter Herr Stosberg, wir würden uns freuen, wenn Sie die Hauptrolle im diesjährigen Weihnachtsmärchen „Der Froschkönig“ übernehmen würden. Bitte rufen Sie doch mal an, dass wir vertraglich –“, den Rest hörte er gar nicht mehr. Sein Weg führte ihn direkt zum Feiern ins Porticus, überwältigt von dieser Entwicklung: „Innerhalb eines Jahres vom schlechtesten Darsteller zur Hauptrolle am Ohnsorg-Theater.“

2001. Axel Stosberg – Schauspieler. Im Alter von 34 bis 44 Jahren gehörte er zum Ensemble des Hamburger Ohnsorg-Theaters, stand dort allabendlich im Scheinwerferlicht – als jugendlicher Liebhaber, als Knecht, als schöner Bürovorsteher. Schnell fühlte er sich wohl in dieser neuen Rolle, Schauspieltalent und große Fähigkeiten in der Motorik erachtet er als die Grundsteine für seinen Weg in die Professionalität. „Ich bin wie ein Chamäleon. Etwas, das ich besonders gut kann, ist beobachten und nachahmen. Ich brauche keine große Zeit, um Neues zu lernen. Ich kann mir etwas ansehen und dann kann ich andere täuschen, indem ich es mache und sie denken tatsächlich, dass ich es kann. Ich schaue mir Dinge an und kriege sie dann über den Kopf in den Körper. Das hat mir natürlich sehr geholfen." Theater ist Behauptung. Leidenschaft? Für ihn nicht der stimmige Begriff, um die Empfindung zu seinem dritten Beruf zu benennen, überwiegend beschreibt er die Zeit als extrem harte Arbeit. Neun Vorstellungen an sieben Tagen der Woche, intensive Probenarbeit, Stücke, von denen er teilweise über 100 Vorstellungen en suite spielte. Dennoch ging er jeden Tag mit Freude ins Theater, stand als Schauspieler auch für die Fernsehserien „Großstadtrevier" und „Da kommt Kalle" vor der Kamera. Momente der Leidenschaft? Das Zwei-Personen-Stück „Sechs Tanzstunden in sechs Wochen" mit Heidi Mahler war eine seiner schönsten Bühnenerfahrungen. „Weil mir das so eine große Bandbreite abverlangt hat – von der Intensität, der Herausforderung – und ja, auch voll Leidenschaft – das war mit das Schönste." Nach und nach sprudelt es aus ihm heraus: „Rock op Platt", „Der Vetter aus Dingsda" – Schauspielerei und Musik verbinden zu können hat ihm immer am meisten Spaß gemacht. Zum Ende der ersten Dekade des neuen Jahrtausends war noch nicht abzusehen, dass sich in dieser Richtung auch die Tür zu Axel Stosbergs viertem Beruf öffnen würde.

Eines Morgens war es wieder ein Bauchgefühl, das den Anstoß für Veränderung gab. „Ich bin irgendwann aufgewacht und habe im Laufe des Vormittags gemerkt: Irgendwas stimmt nicht. Irgend-was – stimmt – hier – nicht. Wenn ich übers Spielen nachgedacht habe auf dem Weg zur Arbeit oder über meine Situation, habe ich es genau gespürt. Ich bin dann ganz schnell dahintergestiegen, dass ich einfach dafür sorgen muss, dass ich wieder offener bin für andere Dinge. Und dabei störte mich die Festanstellung beim Ohnsorg-Theater. Die hat mich so eingegrenzt, dass bei mir alles zu war. Dass ich Möglichkeiten, die auf mich zugekommen sind, scheinbar gar nicht mehr wahrgenommen habe, weil sie für mich vollkommen ausgeschlossen waren. Also, ausgeschlossen dadurch, dass ich blockiert war in einer Festanstellung." Die Entscheidung zu kündigen reifte, was ihn sehr unglücklich machte. „Aber ich hatte keine andere Wahl." Tränen flossen, als er über die Entscheidung mit einer nahestehenden Kollegin sprach. Ein schmerzhafter, aber wichtiger Prozess. Stosberg sucht nach der richtigen Formulierung – findet sie: „Diese schwere Entscheidung hat mich wahnsinnig erleichtert." Überzeugt von der Richtigkeit, vielmehr Notwendigkeit zu kündigen, suchte er die ehrliche Auseinandersetzung mit seinem Intendanten. Dieser verstand, entließ ihn aus der Festanstellung und engagierte ihn fortan als freischaffenden Schauspieler in Stückverträgen. „Ich hatte vollstes Vertrauen zu meiner Entscheidung und sie war rückblickend absolut richtig!" Seinem Bauchgefühl konnte er mit mittlerweile über 40 Jahren Lebenserfahrung vertrauen. Auch Ängste kamen, existentielle – finanzielle Unsicherheit in der Verantwortung für seine Familie. Dennoch: „Ich konnte die Tür zumachen und habe gewartet; da wird sich schon irgendwo eine andere öffnen."

Stille. Aus dem Nachbarstudio scheppern Keyboard-Klänge. In der Küche klingt das Hochschrappen eines Toasters, dessen glühende Drähte erfolgreich eine Zigarette entzünden konnten. Stosbergs Blick streift die verglaste Platin-Auszeichnung auf dem Studioboden. Er hält inne.

Ende 2011. Fünfzig Jahre waren vergangen, seit der französische Chansonnier Hugues Aufray mit dem Shanty „Santiano“ die Hitparaden stürmte. Die Notenblätter lagen schon eine Weile in der Schublade von Hartmut Krech und Mark Nissen, als sie hier bei Elephant Music in Flensburg – zusammen mit dem Berliner Musik-Manager Joe Chialo – die Idee zu einem neuen Projekt „Santiano“ entwickelten und fünf lokalen Musikern ihre Studiotür öffneten – einer von ihnen: Axel Stosberg. „Ich fand's witzig. Es war so neu. Es war so anders. Es war über die Seefahrt – was bietet sich in Flensburg besser an, als über die Seefahrt zu singen. Friss das Brot, das bei dir wächst.“ Er hat sich allerdings auch nicht viel dabei gedacht – die Männer sangen das Lied ein und gingen dann alle wieder nach Hause. Die Produzenten Krech und Nissen schickten das Demo zur Sichtung an Universal Music, das größte Major-Label auf dem Musikmarkt.

Mit ungeahnter Resonanz: Beim zuständigen Label-Boss traf das Lied den Nerv – eine Band sollte entstehen, sofort ein ganzes Album produziert werden. „Jetzt kommt die große, weite Rock/Pop Welt. Ich war erst mal ganz normal naiv, frei. Wie beim Ohnsorg-Theater auch. Nächstes!“ Intensive Vertragsverhandlungen durch erfahrene Medienanwälte folgten, die vorgesehenen Standards für Newcomer individualisiert. „Als alte Hasen, die wir ja nun mit Mitte vierzig alle waren, haben wir die Attitüde, die wir vertreten, auch ernst genommen und Messer zwischen die Zähne und

Streitaxt in die Hand genommen. Unser Medienanwalt ist wirklich in den Schützengraben gegangen, es wurde teilweise tief geschossen." Am Ende standen sich nur Sieger gegenüber und beide Vertragspartner waren mit dem Ergebnis glücklich.

2012. Axel Stosberg. Sänger der Band Santiano. Am 3. Februar 2012 verließ die Musik von Santiano das Tonstudio an der Flensburger Förde und Universal/Electrola veröffentlichte das Debütalbum der fünf Männer „Bis ans Ende der Welt". Wohin und wieweit die Reise gehen würde, davon hatten die Musiker keine konkrete Vorstellung. „Wir wussten nicht, wer kauft diese Platten – der Krabbenpuler-Verein aus Husum?"

Die Zahlen klingen nach Kaviar. „Nach drei Wochen waren wir Nummer 1 der deutschen Albumcharts und nach sechs Wochen hatten wir Gold." Stosberg beugt sich vor und greift mit der einen Hand sein Wasserglas, mit der anderen die Lehne, sitzt auf der Kante des Sessels. „Wir sind vom Stuhl gefallen. Unglaublich!" Auch jetzt scheint er nach wie vor verblüfft über diesen unerwarteten Erfolgsstart. Über seiner Stimme sitzt ein ungläubiges Lächeln. Die Presse formulierte in Superlativen: „Ein kometenhafter Aufstieg" – „Die Senkrechtstarter" – „Überlegen" – „Die Popsensation des Jahres" – „Überragend" – „Die Könige des Shanty Rocks".

„Jetzt müsst ihr mal Butter bei die Fische machen." Universal, Elephant Music und die gestandenen Männer, die plötzlich eine „Newcomer Boygroup" waren, konkretisierten die nächsten Schritte des Musikgeschäfts. Axel Stosberg kündigte seine Schauspielerverträge, widmete fortan seine berufliche Energie und Zeit vollständig der Band. „Ich hatte für mich die Entscheidung getroffen, ich mach das dann auch mit Haut und Haar, weil ich total Lust darauf habe. Und weil ich gesehen habe, dass das auch Potential hat."

Wochenlang hielt sich „Bis ans Ende der Welt" an der Spitze der Charts. Das zweite Album „Mit den Gezeiten" stieg 2013 direkt auf Platz 1 ein, das 2015 veröffentlichte dritte Album „Von Liebe, Tod und Freiheit" ebenso. Über drei Millionen verkaufter CDs, fünffach Platin, Diamond Award, fünffach Gold, drei Jahre lang der Echo als beste Gruppe in der Kategorie Volkstümliche Musik, Auftritte in großen Fernsehshows, deutschlandweite Konzerttourneen mit bis zu 12.000 Zuschauern am Abend – mit maritimen Liedern wie „Alle, die mit uns auf Kaperfahrt fahren", „Weit übers Meer", „Salz auf unserer Haut" oder „Santiano". Der Erfolg ist immens, die Namensgebung für das neue Genre indifferent: „Shanty-Rock" oder „Shanty-Pop", auch „Seemanns-Rock". „Gott muss ein Seemann sein" singen sie und zigtausende singen mit, der Krabbenfischer aus Husum genauso wie die Gärtnerin vom Bodensee. Sie standen beim Heavy Metal Open Air in Wacken auf der Bühne und wurden gebeten, für Udo Jürgens Geburtstags-Fernsehshow dessen Lied „Der Teufel hat den Schnaps gemacht" neu zu interpretieren. Axel Stosberg – wie früher auf dem Fußballfeld – als norddeutscher Tambourine Man mit Latin Lover-Charme. Der Beau unter den fünf Mannsbildern.

Spektakuläre Bühnenshows, jubelnde Fanmassen, kommerzieller Erfolg, tosender Applaus. Hat sich für Axel Stosberg diesmal nicht nur eine neue Tür, sondern vielmehr ein großes Tor geöffnet?

Er schweigt. Reflektiert. „Das kann jetzt sehr nüchtern werden. Natürlich hat mich der Erfolg erst mal wahnsinnig geplättet. Für eine gewisse Zeit. Diese ganze Band Santiano und alles was darum herum ist, hat manchmal ein Problem, Dinge entsprechend zu würdigen, wie sie passieren. Weil die Erlebnisdichte so hoch ist, dass du den Moment gar nicht würdigen kannst, weil der nächste schon da ist. Weil alles so schnell gegangen ist. Und weil es so schnell gegangen ist, hast du ein Problem, Dinge zu bewerten. Natürlich war die erste Goldene der Hammer. Natürlich war der Einstieg auf Platz 1 grandios. Aber eine richtige Euphorie ist da nicht entstanden, weil wir aus einer natürlichen Haltung heraus die Dinge nüchtern bewerten. Wir alten Säcke, die plötzlich noch mal Musikstars geworden sind." Abheben? – „Dafür habe ich zu viel erlebt."

Außerdem bringt der Erfolg große Leistungsanforderungen mit sich, viel Arbeit, Fokussiertheit ist notwendig, um diese zu erfüllen. Dem Moment zu erliegen wäre Zeit- und Energieverlust. „Wir haben eine kontinuierliche Steigerung in dem, was wir machen, weil wir ständig an uns arbeiten, an unseren Live-Auftritten, gehen immer einen Schritt weiter, verfeinern. Und wir da auch relativ nüchtern rangehen, an die Sache. Ich wüsste sonst auch gar nicht, was das bringen soll. Vielleicht ist das jetzt zu nüchtern, aber ich könnte gar nichts damit anfangen, völlig enthusiastisch und euphorisch einen Moment so zu feiern, sich mit Champagner zu bespritzen und völlig aus sich rauszugehen, das kann ich mir gar nicht vorstellen. – Anscheinend ist bei mir immer der Deckel der Contenance obendrauf. Ich lasse mir ungern in die Karten schauen."

Die Band – sein vierter Beruf. Musikindustrie. Showbusiness. Auch eine Rolle. Eine Mischung aus allem, was er gelernt hat. Aus jedem Bereich seines bisherigen Lebens nimmt er ein kleines Stück für diesen kostümierten Axel Stosberg auf die Konzertbühne mit. „Es macht mir wahnsinnig viel Spaß, aber in meinem persönlichen, privaten Umfeld spielt es keine Rolle. Santiano wird zu Hause nicht gelebt." Die Atmosphäre, die Santiano mit ihrer Musik und den Bühnenshows schaffen, ist reich an Metaphern – das Publikum wird mit an Bord genommen und segelt gemeinsam mit der Band von einer Küste zur nächsten – durch Stürme, über Ozeane, durch Flauten. Eine Reise, wie auch das Leben eine Reise voller Winde und Wellen sein kann. Das Wasser als bindendes Element zwischen allen Menschen. „Wenn ich hier an der Flensburger Förde den Finger ins Wasser stecke, bin ich verbunden mit jemandem, der in England das Gleiche macht." Hinter diesem Gedanken steht er voller Überzeugung. Zu erleben, wie die Fans, unter ihnen viele Kinder, ihn während der Bühnenshow mit euphorisierten Augen anstrahlen, das sind für ihn immer wieder die größten Momente. „Ich könnte jetzt wuchern, mit dem dritten Echo oder fünffach Platin, aber das ist es alles nicht."

SANTIANO
Sonderburg
Flensburger Förde
Glücksburg
Harrislee
Flensburg
Gelting

Da klingt sie wieder durch, die Bodenständigkeit. Auch eine Demut dem Erfolg, dem Publikum gegenüber. Axel Stosberg nennt es nüchtern. Es ist eine Klarheit, ein Blick, der die professionelle Realität wahrnimmt und gleichzeitig relativiert. „Man kann sein Geld viel härter verdienen – wenn wir an Baustellen vorbeifahren, jeder Bauarbeiter arbeitet zehnmal so viel. Wir haben es so gut!“ Finanziell hat er erstmals eine Sicherheit – mit seiner Frau und den drei Kindern ein Haus bei Flensburg gebaut. Seine Stadt. „Flensburg ist wie ein alter Kumpel, wenn du von irgendwoher wieder nach Hause kommst, dann kommst du hier zu deinem alten Kumpel, wo du mal sein kannst wie du wirklich bist, wo du Kotterschnauze sein kannst und der nimmt dich in den Arm und nimmt dich wie du bist. Es riecht hier so wie das Wasser schmeckt, einfach rein und klar. Das ist Flensburg.“

Und da kommt sie doch zum Vorschein – Euphorie. Er scheint ganz bei sich, identisch mit den Gedanken und Gefühlen zu seiner Heimatstadt. Für einen Moment wirkt es, als öffne er sich die Tür in verschiedene Zeiten. Er trinkt einen Schluck Leitungswasser. Seine Armbanduhr hat er abgelegt, als es mit Santiano losging. Und seitdem auch nie mehr angelegt.

„Es gibt keinen Zweifel. Es gibt aber auch keine Hoffnung. Es ist die Gegenwart.“

Martin Wind

Martin Wind
*27.04.1968

Der Abendhimmel ist vereinzelt mit Wolken bedeckt, die im Vorbeiziehen immer wieder den Mond freigeben. Die Straßenlaternen funkeln wie Sterne – als Scheinwerfer auf die breiten Bürgersteige neben der zweispurigen Straße gerichtet. Quadratische Ampellichter wechseln von rot auf grün, geben den gelben Fahrzeugen das Signal zum Beschleunigen. Ein leichter Wind wirbelt einzelne Laubblätter unter den Reifen auf, trägt das Hupen und dumpfe Geräusche der überfahrenen Gullydeckel entlang der Häuserfronten des New Yorker Broadways.

SMOKE JAZZ CLUB steht in weißen Buchstaben auf der schwarzen Fassade von Hausnummer 2571. Die robusten Scheiben schirmen alle Geräusche ab, und so wird das Geschehen des Inneren zunächst von der akustischen Kulisse der Upper West Side Manhattans untermalt. Durch das Schaufenster ist eine kleine Bühne am Ende des Clubs zu sehen, vier Musiker spielen ihre Instrumente, eine Sängerin steht am Mikrofon, begleitet von den Klängen, die der Steinway-Flügel, das Schlagzeug, die Posaune und der Kontrabass an ihrer Seite erzeugen. „Intimate Conversation" – ein Plakat an der Tür kündigt das Konzert an. Der Kontrabassist spielt ein Solo, hält seinen linken Arm um den Hals des Instruments und zupft die Saiten. Mit der rechten Hand führt er den Bogen über die bauchige Mitte des Streichinstruments, das mit seiner Größe alles andere auf der Bühne überragt.

Drinnen sind sie jetzt zu hören, die tiefen Töne, die aus dem voluminösen Resonanzkörper aus dunkelbraunem Holz klingen und jeden Winkel des Smoke Jazz Clubs durchdringen. Das Publikum applaudiert dem Kontrabassisten. Elegant in Schwarz gekleidet tupft er sich mit einem weißen Stofftaschentuch Schweißperlen von der Stirn und wischt danach mit einer sauberen Stelle ebenso sanft über sein Instrument. Als „Martin Wind from Cologne in Germany“ stellt die Sängerin ihn vor – augenzwinkernd ergänzt er in amerikanischem Englisch: „That's where I did my studies. Actually I'm from Flensburg.“ Flensburg kennen an diesem Abend nur wenige Zuhörer, aber der Name Martin Wind ist den meisten ein Begriff, sein Gesicht ist ein bekanntes in der New Yorker Jazz-Szene.

Über drei Stunden stehen die Musiker auf der Bühne, spielen Neuinterpretationen von Titeln wie „I Wish You Love“, „I Who Have Nothing“ und „Come Try My Love“. Martin Wind hält die Augen geschlossen bei seinen Partien. Den Mund geöffnet, steht er hinter seinem Instrument und bewegt den Bogen und seinen Körper mit Leichtigkeit – in Harmonie – fast wie bei einem zärtlichen Liebesakt.

Der nächste Tag. Martin Wind öffnet in grauer Adidas-Trainingshose und T-Shirt die Tür von seinem Haus in Teaneck, New Jersey. Es ist sein erster freier Tag seit Wochen und vielleicht geht er später noch auf den Tennisplatz. „Herzlich Willkommen in meinem Zuhause!“ Nur dreißig Minuten

Autofahrt von den Wolkenkratzern Manhattans entfernt, lebt er hier mit seiner Frau Maria, den beiden jugendlichen Söhnen und ihrer Hündin Maja westlich des Hudson River. In der ruhigen Wohnstraße stehen Einfamilienhäuser aus rotem Backstein und mit weißer Holzfassade, Grundstücke mit grünem Vorgarten, Basketballkorb und der rot-weiß gestreiften Flagge, die vor der Veranda im Wind weht – amerikanisches Kleinstadtidyll. Die Familie fühlt sich wohl in dem New Yorker Vorort, Martin Wind hat hier das „Haus seiner Kindheit" gekauft. „Das ist zu Hause hier. Das ist ehrlich. Das fühlt sich richtig an. Wir können hier tun und lassen, was wir wollen. Ich kann jederzeit in den Keller gehen und Klavier oder Bass spielen. Ich hab meine Auffahrt und der Garten ist irgendwie eine Oase. Und wir haben tolle Nachbarn."

Martin Wind hat geschafft, wovon viele Jugendliche ein Leben lang träumen: Er hat sein musikalisches Talent zum Beruf gemacht. Er ist Kontrabassist geworden. Im Alter von 28 Jahren ist er nach New York gezogen, um Teil der dortigen Jazz-Szene zu werden. Er ist geblieben. Und seit fast zwanzig Jahren gehört er dazu.

„Heute gibt es Flensburger Schietwettertee!" Aus einem Eckschrank der Friesenküche sucht er eine Teesorte aus und ist mit seinen Gedanken im Flensburg der Sechzigerjahre. „Als ich geboren wurde, lebten meine Eltern noch im Haus meiner Großeltern im Süden der Stadt, Auf der Rude." Nach der Geburt seiner jüngeren Schwester zog das Ehepaar Wind 1974 mit den beiden Kindern in eine Wohnung im Marienhölzungsweg und der sechsjährige Martin kam in die 1. Klasse der Waldschule. Von klein auf verbrachte er viel Zeit mit Sport. „Mein Vater war bei der Polizei und super durchtrainiert, er hat dort auf Leistungsniveau geturnt. Und beim Flensburger Turnclub war er Gruppenleiter, da mussten wir natürlich mit, meine Schwester und ich. Wir sind dann zwei- oder dreimal in der Woche zum Turnen gegangen, das war so klar wie das Amen in der Kirche."

Er lacht und schielt mit dem Blick auf seine Sporthose. Mit neun Jahren erlernte er – aus eigenem Antrieb – die judoähnliche Kampfkunst Jiu-Jitsu bis zum grünen Gürtel, dem dritthöchsten. Nach dem Wechsel aufs Alte Gymnasium begeisterte ihn die nächste Sportart. „Ich habe angefangen, wahnsinnig viel Fußball zu spielen. Von der Schule nach Hause gekommen, Hausaufgaben gemacht und gebolzt." Inzwischen wohnte die Familie in einem Haus mit großem Garten nahe dem Ostseebadweg. Ab dem Alter von 14 Jahren begann er mit dem Fahrrad von dort zum TSV Nord Harrislee zu fahren, wo er für den Verein das Handballtor hütete. Der Ball wurde kleiner, die Erfolge größer – eine mögliche Handballerkarriere wurde zum Thema. „Das war eine irre Zeit – Tempogegenstoß – das hab ich genossen." Eine sportliche Kindheit. „Es war viel Sport. Mit meinen Freunden habe ich aber auch stundenlang Brettspiele gespielt: „Trivial Pursuit" und „Spiel des Lebens", aber am liebsten: „Risiko" – bis zur alles entscheidenden Schlacht." Eine spielerische Kindheit. Und die Musik?

„Wenn du im Zeltlager derjenige bist, der am Lagerfeuer die Gitarre spielt, dann hast du ganz große Chancen bei den Mädels. Da bist du echt die große Nummer!“ Bedeutende Worte eines Gesprächs unter Männern. Der damals zwölfjährige Martin spitzte die Ohren und fand Gefallen an der Perspektive, die sein Vater ihm mit diesem Gedanken offenbarte. „Und so fing das an.“ Lachend rührt er in seinem Flensburger Schietwettertee und setzt sich an den Esstisch im lichtdurchfluteten Wintergarten des Hauses. Leichter Nieselregen fällt auf das Glasdach. Ein norddeutscher Ausblick. Ein nordamerikanischer Rückblick.

„Mit diesen Worten hat mein Vater mich dazu bewegt, am Jugendtreff Exe in einer Gitarrengruppe anzufangen. 1980.“ Die erste Stunde wird der Musiker nie vergessen. Seine heitere Erinnerung daran animiert ihn zum Nachspielen der Situation. Er zieht den Bund seiner Trainingshose hoch und nimmt pantomimisch die Körperlichkeit des jungen Gitarrenschülers ein. „Wir saßen im Kreis mit acht oder zehn Leuten und sollten zwei Griffe lernen, E und A. Das ging dann so –“, er fängt an zu singen: „He's got the whole world in his hands. He's got the –“, Pause. Unbeholfen versucht er einen Griffwechsel auf den imaginären Saiten seiner Gitarre vorzunehmen. Immer noch Pause. Den neuen Griff gefunden – und weiter. „Alle versuchten ihre Finger zu sortieren.“ Er singt lachend weiter: „...whole world in his hands. He's got the –“, wieder ein Akkordwechsel, wieder eine lange Pause, „drei Minuten später hatten dann alle den Griff und es ging weiter.“

Laut lachend schüttelt er den Kopf über diese musikalischen Momente. „Das waren meine Anfänge."

Bis zu diesem Zeitpunkt hatte der Junge nie größeres Interesse an Musik gezeigt, aber die Vorstellung von sich als Lagerfeuer-Gitarrist im Zeltlager motivierte ihn. „Mal sehen, was läuft!" Um besser zu werden als die anderen in der Gruppe, begann er bald Einzelunterricht zu nehmen. „Das war der nächste Schritt. Dann hab' ich mich aber schwer getan mit der Gitarre; es war einfach nicht mein Instrument, mein Sprachrohr, nicht mein Sound." Sein Vater bestand darauf, dass er jeden Tag eine halbe Stunde übte. Er wollte, dass sein Sohn konsequent bleibt und nicht gleich aufgibt. „Er hat mich gezwungen weiterzumachen und wir haben uns täglich Schlachten darüber geliefert. Rückblickend bin ich ihm dankbar, das war eine „Life-Lesson" für mich."

Als sein Musiklehrer Hans Letschert vom Alten Gymnasium dem mittlerweile Fünfzehnjährigen anbot, E-Bass zu spielen, hielt sich seine Begeisterung zunächst auch in Grenzen. „Ich will doch kein Bassist werden. Naja, aber ich kann das ja mal ausprobieren." In der Big Band der Schule wurde genau diese Position frei; ab dem Zeitpunkt hatte er Spaß am Musizieren und alles ging sehr schnell. Hans Letschert vermittelte ihm einen amerikanischen E-Bass-Lehrer, Elmer Tumage, den der Militärdienst nach Schleswig-Holstein geführt hatte. Der erkannte das Talent seines Schülers und sprach mit dem Ehepaar Wind darüber. „Irgendwann kam ich nach Hause und meine Eltern hatten mir einen E-Bass gekauft. Aus heiterem Himmel! Ohne Ankündigung – nix Geburtstag, nix

Weihnachten. Ich konnte es überhaupt nicht fassen." Er sucht nach Worten. „Das war...ein...irres Geschenk. Das werde ich ihnen nie vergessen!" Die Lagerfeuer-Prophezeiung seines Vaters hatte sich bis zu diesem Zeitpunkt zwar noch nicht erfüllt, aber aus der Freude am E-Bass-Spielen entwickelte sich echtes Interesse und nun ging es Martin Wind tatsächlich um die Musik.

„Das ist sicher nicht auf viele Schicksale zu übertragen, dass so ein Musiker aus jemandem wird, der unter Druck gesetzt wurde zum Unterricht zu gehen – aber für mich war es gut so." Auch bei seinen eigenen Söhnen hat der Kontrabassist heute ein Auge darauf, dass sie regelmäßig ihre Instrumente üben. „Ich denke, man muss bei bestimmten Dingen hinterher sein. Wir sind alle von Natur aus eher faul und um Antrieb zu entwickeln ist es gut, wenn man als Eltern unterstützt."

Unterstützt wurde Martin Wind von seinen Eltern, vor allem auch mit dem geschenkten Bass. Seine Freude darüber war riesig und er spielte das eigene Instrument fortan viel und freiwillig. Von seinem Lehrer bekam er die klassische Bassschule beigebracht und lernte Noten zu lesen. Um sein musikalisches Gehör zu verbessern, hörte er viel Musik, achtete in Stücken der Bands „Earth, Wind and Fire" und „Level 42" immer gezielt auf den Bass. „Die Lawine ist ins Rollen gekommen damals." Mit siebzehn Jahren begann er dann Kontrabass zu spielen – zwei Monate später spielte er das Instrument in der Big Band, im Schulorchester und als Teil einer Jazz-Combo am Alten Gymnasium. Kein halbes Jahr verging und Martin Wind spielte Bachs Weihnachtsoratorium in der Flensburger Nikolai-Kirche. „Das war ein überwältigendes Erlebnis. Du bist auf einmal in dieser Wahnsinns-Kirche und hinter dir macht die Orgel einen Wahnsinns-Sound. Der Chor – und du bist der einzige Bassist und spielst da mit. Das ist unfassbar." Ende 1985 wusste er mit Bestimmtheit: „Das will ich machen." Als Beruf.

Das Gefühl, dass dieser Wunsch Realität werden könnte, verstärkte sich je besser er sein Instrument beherrschte. Lehrer, Musiker und seine Eltern ermutigten und unterstützten ihn auf seinem Weg. Im Leistungskurs vertiefte er sein Wissen über Musikgeschichte und -theorie, über die Werke der großen Komponisten und studierte Partituren.

Seine Begeisterung für Musik drängte die Leidenschaft für den Sport in den Hintergrund. Und nun erfüllten sich auch die einstigen Fantasien des Zwölfjährigen, denn auf die Mädchen strahlte der große blonde Junge mit dem Kontrabass tatsächlich eine enorme Anziehungskraft aus. Sein Vater sollte Recht behalten. „Das ist dann schon ganz ordentlich gelaufen. Wahrscheinlich weil es so eine weibliche Form hat. Die denken vielleicht: Wie er dieses große Instrument handhabt, vielleicht könnte er mich auch so im Arm halten."

Ein Gedanke, der auch aus den Gesichtern einiger weiblicher Zuschauer beim gestrigen Konzert am Broadway zu lesen war, als Martin Wind, an den Kontrabass gelehnt, mit seinen blauen Augen ins Publikum blickte.

1987 machte er mit den Leistungskursen Musik und Chemie das Abitur und wurde zur Grundausbildung der

Bundeswehr nach Bergisch-Gladbach einberufen. Durch seine musikalische Begabung kam er danach zum Marinemusikkorps Ostsee nach Kiel. „Da war ich dann zwei Jahre Z-Sau.“ Freiwillig verpflichtete er sich als Zeitsoldat, um parallel die Vorbereitungen für sein angestrebtes Klassik-Studium machen zu können. „Wenn du an eine große Schule zu einem bekannten Lehrer wolltest, waren die Anforderungen schon immens. Da wurde erwartet, dass du schon zwei Kontrabass-Konzerte spielen konntest. Das ging schon richtig zur Sache.“ Die Bundeswehr übernahm die Kosten für den Unterricht bei dem renommierten Solo-Bassisten Willi Beyer vom NDR in Hamburg. Martin Wind bekam eine eigene Übezelle, wo er Klavier und Kontrabass spielen konnte, wann immer er wollte. „Da konnte ich Tag und Nacht rein – wir haben uns Übeschlachten geliefert, nach dem Motto: Who was the last man standing“.

Den monatlichen Sold konnte er weitestgehend sparen, viel Zeit um Geld auszugeben, blieb ihm neben der Musik nicht und die Wochenenden verbrachte er im Flensburger Elternhaus. Von den Ersparnissen kaufte er sich zum Studienbeginn in Köln eine eigene Wohnung.

„Das Studium in Köln, das war dann schon ein Lebensabschnitt.“ Als gute Vorbereitung auf das anspruchsvolle Kontrabass-Studium erinnert er sich an eine wichtige Erfahrung als Neunzehnjähriger. 1987 wurde das Bundesjazzorchester ins Leben gerufen, eine Big Band zur Förderung des talentierten Jazznachwuchses in Deutschland. Martin Wind wurde als eines der Gründungsmitglieder aufgenommen. „Das war schon ein Schritt. Vom regionalen Talent – gehörte ich jetzt auf einmal zu den talentiertesten dreißig Jazzmusikern in Deutschland. Das war Wahnsinn. In der ersten Arbeitsphase waren wir gleich im Kanzleramt bei Helmut Kohl. Auf einmal war ich in der Bundesliga." Der musikalische Sportler erinnert sich an den ersten Artikel im Flensburger Tageblatt:„Flensburger Martin Wind im neu gegründeten Jugendjazzorchester." – „Das war schon was."

Mit einem Löffel Honig süßt er seinen Tee. Gab es Zweifel in dieser Zeit des Erwachsenwerdens? Langsam lässt er eine zweite Portion Honig vom hölzernen Teelöffel in die Keramiktasse gleiten. „Es war immer ein Schritt nach dem anderen. Du setzt ja dann auch deine Ziele entsprechend. Erst die Musik in Flensburg, dann auf Landesebene und dann das Bundesjazzorchester. Das waren immer logische Schritte, die nächste Stufe. Natürlich gab es auch Zweifel, ob du gut genug bist. Ich hab' aber nie wirklich drüber nachgedacht, irgendwann musst du damit mal Geld verdienen und dir eine Existenz aufbauen. Da dachte ich immer: Kümmere dich einfach um die Musik. Und alles andere wird kommen." Genauso kam es.

1989 begann er sein Studium an der Musikhochschule Köln im Studiengang Klassischer Kontrabass. Fünfeinhalb Jahre lang lernte er bei dem renommierten Klassikdozenten Wolfgang Güttler, der unter Karajan bei den Berliner Philharmonikern gespielt hatte. „Eine Koryphäe, ein unfassbarer Musiker – der hat mir wirklich beigebracht, das Instrument zu spielen. Technisch habe ich unglaublich viel bei ihm gelernt." Geübt hat Martin Wind zu dieser Zeit bis zu fünf Stunden täglich, hinzu kamen Proben und Auftritte. Seinen Tag strukturierte er konsequent: „Ich habe mir ein Programm zusammengestellt, das ich versucht habe bis zum Mittagessen durchzuziehen. Zweieinhalb Stunden mit Bogenspielen und Tonleitern. Das war Pflicht. Nachmittags kam die Kür, da konnte ich mir dann aussuchen, was immer gerade mein Interesse geweckt hat." Die Abende verbrachte er häufig vor dem Fernseher, den Bogen in der Hand. Es war die große Zeit von Boris Becker und Steffi Graf. „Tennishysterie – abends habe ich stundenlang vor dem Fernseher gesessen, Kontrabass gespielt und Tennis geguckt."

Zwischen Abitur und dem Ende des Studiums 1995 gab es für den ambitionierten Musiker kaum etwas anderes als sein Instrument und die Musik. Wenn er heute mit ähnlich erfolgreichen Kollegen über diese Lebens- und Lernphase spricht, decken sich die Erfahrungen der absoluten Fokussiertheit auf die Musik. „In dem Alter legt man die Foundation. Ich hatte nicht immer Lust zu üben – aber immer Lust zu spielen." Seine damalige Freundin lernte er mit zwanzig Jahrem im Landesjugendorchester kennen, sie konnte seine Leidenschaft für die Musik nachempfinden. Fünf Jahre blieben sie ein Paar. „Aber es war eigentlich immer klar, dass die Musik Vorrang hatte."

Der Wunsch nach New York zu gehen, in eine – wenn nicht die – Weltstadt des Jazz, entwickelte sich 1995, nach Beendigung seines Studiums mit dem Diplom als Orchestermusiker, als Martin Wind im Alter von 27 Jahren seine Karriere als freiberuflicher Kontrabassist begann. Eineinhalb Jahre blieb er noch in Köln, spielte dort, am Theater in Dortmund und als Begleitmusiker für eine Jazzsängerin, durch die er auch Auftritte in Belgien und den Niederlanden bekam. Aus jedem Engagement entwickelten sich neue Kontakte zu Musikern oder Veranstaltern und so folgte auf jedes Konzert wieder die Anfrage für ein nächstes. Der Radius vergrößerte sich.

„Ab und zu hatte ich die Gelegenheit mit amerikanischen Musikern in Europa auf Tour zu gehen. Ich habe jedes Mal gemerkt, dass es da noch einen Unterschied gab. Wenn ich mit US-Musikern gespielt habe, hat mein eigenes Level sich nach oben angepasst. Ich habe einfach besser gespielt in deren Umgebung. Und ich hatte das Gefühl wirklich gefordert zu werden. Dann war schnell der Wunsch da, das nicht nur ab und zu erleben zu können, sondern ich wollte wirklich da sein, wo sie alle leben."

Da sein, wo es stattfindet. Er bewarb sich 1996 für ein Stipendium des Deutschen Akademischen Austauschdienstes, um an der New York University Jazz-Bass zu studieren. Das Gremium, bestehend aus zehn deutschen Hochschullehrern aus dem Klassikbereich, traf seine Entscheidung beim Vorspielen zugunsten des Flensburgers. Und wenig später konnte Martin Wind am Frankfurter Flughafen tatsächlich eine Maschine besteigen, die ihn über den Atlantik nach New York flog. Ein Schritt, der ihn der Erfüllung seines Lebenstraumes 6200 km Luftlinie näher brachte. Schon in jungen Jahren hatte es für den angehenden Musiker insgeheim einen wiederkehrenden Gedanken gegeben: „Als ich anfing, mich mit Jazz-Musik zu beschäftigen, hatte ich eine schöne Vision: Dass die Leute, von denen ich damals die Basslinien rausgehört habe, dass die mich als Kollegen schätzen und respektieren würden – das war für mich ein tolles Ziel." Er strahlt und erinnert sich an die Gefühle als Jugendlicher in seinem Elternhaus an der Förde. „Mensch, wenn du irgendwann mal in New York leben könntest. Und mit all den Musikern da spielen würdest. Und du wirklich dazu gehören könntest. Ein Traum." Sätze voller wenn, würde und könnte – die mit dem Stipendium für die New York University erstmals konkreter wurden.

Wie konkret alles einmal werde sollte, davon spürte er bei der Landung am John F. Kennedy Flughafen und auch bei seinen ersten Schritten durch Manhattan noch nichts. So groß die Stadt, so weitläufig die Straßen, so zahlreich die Bewohner – so lang war auch der Weg zu seinem Ziel. Er empfand keinen Druck, sich schnell durchsetzen zu müssen, versuchte keine zu hohen Erwartungen an dieses akademische Jahr zu stellen. Seine Einschätzung blieb realistisch und bodenständig. „Da hat ja wirklich kein Mensch auf mich gewartet. Es gibt Telefonbücher mit Seiten voll von Bassisten, die man hier anrufen kann." Und nach dem einen geplanten Jahr – musikalisch gereift – zurückzukehren und sich in Europa weiter zu etablieren, schien ihm nach wie vor auch reizvoll.

Doch in New York entwickelte sich Reizvolleres. Schnell lebte er sich ein – die Universität bot ihm eine klare

Struktur, einen festen Stundenplan – und er lernte in seinen Kursen etablierte Musiker der Szene kennen. Finanziell fühlte er sich durch das Stipendium zunächst abgesichert, aber die tatsächlichen Kosten des Alltags in New York hatte er unterschätzt. „Im September fing das Semester an, im Februar – das war ein eisiger, ganz finsterer Winter – entsprechend war auch meine Stimmung – da war ich so was von blank, dass ich nicht mehr wusste, wie ich die U-Bahn bezahlen sollte. Von der Hand in den Mund. Ich hab' mir Geld gepumpt und bin über Wochen umhergeeiert, um über die Runden zu kommen."

Er spielte so oft wie möglich in Jazz Clubs – bis zu sechs Stunden pro Tag. Ich hab damals alles angenommen, das waren 100 Dollar am Abend. Das war viel Geld für mich. Viel mehr zahlen manche heute noch nicht." Generell ist das Gagengefüge der Branche in New York deutlich niedriger als in Europa oder Japan, für viele US-Musiker Grund dorthin zu ziehen. „In New York gibt es keine untere Schmerzgrenze, weil es einfach so viele Musiker gibt. Wenn Du hier in einem Club 500 Dollar am Abend verdienst, dann ist das viel." Deutlich höhere Gagen bekommen nur die größten Stars der Szene.

Die Auftritte parallel zum Studium nahmen stetig zu und Martin Wind war auf immer mehr Bühnen der New Yorker Jazz Clubs zu hören. Seine U-Bahntickets konnte er wieder bezahlen.

Und dann kam Maria. Kennengelernt hatten die beiden sich an seinem zweiten Tag in New York. Sie war auch dabei, als er im Finale eines internationalen Musikwettbewerbs stand. Die Thelonious Monk Jazz Competition wird jedes Jahr für ein anderes Instrument ausgeschrieben – im „Bass-Jahr“ bewarb er sich und wurde direkt zum Halbfinale nach Washington D.C. eingeladen. Martin Wind erreichte das Finale. „Ich hab da im Kennedy Center vor 3000 Leuten gespielt. Es war ein unfassbares Erlebnis. In der Jury saßen die Götter des Kontrabass, Pat Metheny war da und Herbie Hancock – die ganze Jazz-Prominenz hat mich da gehört.“

Das war der Moment, als Leute aus der Szene erstmals richtig auf den Flensburger aufmerksam wurden. „Da ist ein deutscher Bassist, der hat es ins Finale geschafft!“ Als Entstehungsort des Jazz gelten die Südstaaten der USA, wo die Musikrichtung um 1900 von Afroamerikanern kreiert wurde.

Die Musik war der Grund, warum er nach New York gegangen war. Aber nicht der einzige, warum er in New York bleiben wollte. Die Liebe zu Maria wurde der zweite Grund. Eine große Konstante und Stütze in seinem Leben. Gemeinsam bekamen sie zwei Söhne und sind seit 17 Jahren verheiratet. „Glücklich!“ ergänzt er mit leuchtenden Augen. „Vor der ersten Geburt – mit 29 – hatte ich Angst, dachte: Das war's. Ende der Karriere. Du wirst nie mehr zum Üben kommen, dein Spiel wird irgendwie auseinanderfallen. Und – große Überraschung – es ist natürlich genau das Gegenteil passiert.“ Er sucht die passende deutsche Formulierung. „Ich war viel...na! – viel fokussierter. Ich habe viel mehr in kurzer Zeit geschafft, war viel effektiver mit meiner Zeitgestaltung.

Du hast gerade mal eine Stunde zum Üben, weil der Junge schläft – und was du auf einmal in einer Stunde schaffst! Und musikalisch – jetzt weiß ich überhaupt, wofür ich das alles mache. Und du wächst als Mensch einfach so viel, wirst so gefordert als Vater und wirst an deine Grenzen geführt, wenn es zum Beispiel um Geduld geht. Diese Erlebnisse machen dich, glaube ich, zu einem besseren Künstler. Zu einem besseren Menschen. Zu einem besseren Musiker." Wieder macht er eine sinnierende Pause – diesmal aber scheint er nicht die deutschen Wörter, sondern den exakten Gedanken zu suchen. „Auf einem bestimmten Level kann man diese Dinge nicht mehr wirklich trennen, meine ich."

Der Musiker ist froh, dass seine Familie – anders als bei vielen seiner Kollegen – nach wie vor einen so innigen Zusammenhalt hat. Ihm ist bewusst, wie groß Marias Anteil daran ist. „Ich werde ihr nie vergessen, dass sie mir eigentlich meine Karriere hier ermöglicht hat." Die New Yorkerin kümmerte sich neben ihrer Arbeit um den Haushalt und die beiden Söhne, wenn ihr Mann Konzerte an der Westküste, in Südafrika, Japan oder Europa spielte. „Da hatte ich manchmal schon ein schlechtes Gewissen, wenn ich gerade in Kalifornien oder Italien in einem tierischen Hotel direkt am Strand und zu einem Wahnsinns-Essen eingeladen war – und ich wusste, zu Hause geht's drunter und drüber."

Er lacht verlegen. Mittlerweile sind aus den kleinen Kindern große, unabhängigere geworden und auch Maria kann ihren beruflichen Interessen wieder vermehrt nachgehen. „Wenn sie jetzt manchmal mehr Termine hat als ich, dann bin ich mucksmäuschenstill. Dann halte ich hier den Laden zusammen und versuche alles zu machen, damit sie den Rücken frei hat. Jetzt ist sie dran."

Heute Nachmittag holt er die Söhne von der Schule ab und ein großer Eintopf steht auch schon köchelnd auf dem Herd. Er genießt es, an freien Tagen für seine Familie zu kochen. „Ich muss nur noch das Brot zum Tunken schneiden." Er lacht und erfreut sich an dem norddeutschen Begriff, der völlig selbstverständlich aus seinem Mund kommt, aber doch mit unüberhörbar amerikanischer Färbung.

2004 – ungefähr acht Jahre nach seinem Start in New York – hatte er erstmals das Gefühl, wirklich etabliert zu sein und auch eine Zukunft in der Stadt zu haben. „Viele Musiker, die aus Europa kommen, bleiben ein paar Jahre und verschwinden dann wieder. Aber irgendwann merkte ich, dass ich mir keine Gedanken mehr machen muss, wo der nächste Auftrag und Paycheck herkommt. Und ich hatte nicht mehr die Sorge, vergessen zu werden, wenn ich mal einen Monat nicht auf der Bühne zu sehen war."

Um größtmögliche Unabhängigkeit und Vielfältigkeit zu erreichen – finanziell und künstlerisch – lag sein Bemühen von Anfang an darin, sich breitgefächert aufzustellen. Seit 1997 ist er Dozent am Jazzinstitut der New York University, er wird als Studiomusiker regelmäßig für CD-Einspielungen von Sängern gebucht, spielt Konzerte in den Jazz Clubs New Yorks und auf Festivals und Tourneen über den Globus verstreut. Durch seine klassische Ausbildung ist er in der Lage, auch in Zusammenhängen der Klassik-Musik mitzuwirken –

so spielte er zum Beispiel den Soundtrack zum Film „True Grit“ der Coen-Brüder ein. „Beruflich ist es bisher mit jedem Jahr besser geworden, immer weiter bergauf. Und inzwischen müssen wir uns keine Sorgen mehr machen.“ Sein Blick wandert durch den Wintergarten, draußen im Garten jagt die Hündin einem roten Ball hinterher. „Ich bin da auch ein bisschen stolz drauf.“

Stolz ist er auch auf sein Instrument. Im ausgebauten Keller des Hauses ist seine heutige Übezelle. Neben einem Klavier und einem großen Regal mit CDs seiner Aufnahmen stehen zwei Kontrabasse in ihren Schutzhüllen. Vorsichtig öffnet er den Reißverschluss der einen schwarzen Tasche und befreit den knapp zwei Meter großen Klangkörper. „Diesen Bass habe ich schon seit ich 17 Jahre alt bin, der ist 150 Jahre alt und wir sind gemeinsam durch dick und dünn gegangen. Mit dem habe ich studiert, bin ich auf Reisen gewesen, meine ersten CD-Aufnahmen – das war alles dieses Instrument.“ Sofort kommt der Impuls zu spielen – er zupft die Saiten und spielt eine Tonleiter, er stoppt und fängt noch mal an. Es macht ihm sichtlich Spaß. „Das ist eine leere C-Saite.“ Der tiefe Klang und die Vibrationen durchdringen den Raum, der gehaltene Ton schwebt sekundenlang. Er spielt weiter, die Tonleiter auf und ab.

„Das hier habe ich anbauen lassen.“ So reden andere Männer von ihrem Auto. Er zeigt auf den Hals des Instruments, der bei einem Bühnenunfall gebrochen ist. „Mit dem Bass bin ich schon wirklich um die Ecken – viele hunderte und tausende von Stunden, die ich alleine geübt habe mit dieser Kiste." Die „Kiste" hat einen Wert von ca. dreißigtausend Euro und mittlerweile spielt er diesen Bass nur noch in New York, um ihn vor Beschädigung durch Flugreisen zu bewahren. Er steckt das Holzinstrument wieder zurück in seine Schutzhülle und hievt es zurück an die Wand. „Das ist schon was Besonderes – ich meine, den kenne ich länger als meine Frau."

Im Jahr 2000 hat er sich seinen zweiten Bass gekauft, ein ähnlich altes und wertvolles Stück, das er immer spielt, wenn er in Europa auftritt. Und auch beim gestrigen Konzert am Broadway. Die Frage, warum es gerade das Instrument Kontrabass wurde, für das er sich seit dem Erwachsenwerden begeistert, geht ihm immer wieder mal durch den Kopf. Auch jetzt bringt sie ihn lange und laut zum Lachen. „Es ist ja schon sehr, sehr weiblich, oder? Ich weiß nicht, ob das einer der Gründe war, warum ich mich so zu diesem Instrument hingezogen fühlte. Aber das ist wirklich ein Instrument, das du auch spürst am Körper, wenn du spielst. Diese Vibrationen, die spürst du. Du merkst einfach, da lebt was, da passiert was. Es ist auch unglaublich, dass dieses Holz, das schon so alt ist, dass sich das immer noch bewegt. Dass sich da immer noch an heißen Tagen, an schwülen Tagen, die Saitenlage ändert. Das finde ich irre."

Er unterbricht sich mit Blick auf die Armbanduhr. „So, jetzt aber schnell los und die Kinder abholen."

Eine Stunde später sitzt er wieder am Esstisch im Wintergarten und trinkt den letzten Schluck des inzwischen kalten Flensburger Schietwettertees und lächelt zufrieden.

„Schön, jetzt sind sie alle da." Die vierköpfige Familie unter einem Dach. Zu Hause reden alle englisch miteinander, aber ein bisschen deutsch sprechen und verstehen die drei gebürtigen Nordamerikaner an der Seite des Flensburgers auch. Martin Wind hat seit einigen Jahren neben dem deutschen auch einen amerikanischen Pass.

In Norddeutschland fühlt er sich tief verwurzelt. Wenn er hier in New York mal Heimweh hat, oder wie er es nennt: den Flensburg Blues, legt er sich in seinem Keller in die Sauna und hört Musik. Eine Aufnahme von 1997, die er mit seinem besten Freund, dem Flensburger Gitarristen Ulf Meyer, gemacht hat: die „Fjord Songs". „Das ist dann doch so ein Stück Heimat."

Seine Eltern und die Schwester leben nach wie vor in der Fördestadt und er ist immer froh, wenn er die Möglichkeit hat, nach Hause zu kommen. „Ich versuche erst einmal zum Hafen zu gehen. Und dann durch die Stadt – vom Südermarkt zum Nordermarkt." Die familiäre Bindung bestand immer, aber auch die Musik hat ihn regelmäßig zurück in den Norden geführt. Zwei herausragende Ereignisse seines Berufslebens benennt er in diesem Zusammenhang: 1989 das erste Solo-Konzert als Kontrabassist im Deutschen Haus, im Publikum saß seine komplette Verwandtschaft und auch sein erster Basslehrer. Und das JazzBaltica, ein renommiertes Jazzfestival in Schleswig-Holstein, das 1991 auf Initiative Björn Engholms als kulturelle Kooperation der Ostseeanrainerstaaten ins Leben gerufen wurde und dessen Hausbassist Martin Wind über viele Jahre war. „Der künstlerische Leiter Rainer

Haarmann hat mir viel Vertrauen entgegengebracht und Verantwortung übertragen. Schreib doch mal selber Stücke, schreib doch fürs nächste Jahr fürs Festival. – Solche Förderer braucht man, die sehen, da ist ein Talent da, aber der braucht auch die Gelegenheit, das aus sich raus zu bringen." Seine Arbeiten fanden immer große Anerkennung im Norden. Als erstem Jazzmusiker verlieh ihm Heide Simonis im Jahr 2000 den Kulturpreis des Landes Schleswig-Holstein. Während des Empfangs schrieb er noch seine Dankesrede unter dem kopfschüttelnden Blick seiner Schwester: „Typisch Martin. In the moment!"

In diesen Momenten, so formuliert er, spürte er, dass er respektiert wird für seine musikalischen Leistungen. Und in den darauffolgenden Jahren erfuhr er auch bundesweite Wahrnehmung und Anerkennung. Vorsichtig wählt er die Worte, die auf den Punkt bringen, warum – und spricht sie stockend aus. „Weil ich es...als einer von wenigen Jazzmusikern...geschafft habe, mich hier...in New York zu etablieren."

Ein erfüllter Traum. Er hat ihn früh erkannt und für sich benannt. Er hatte ein Ziel und er hat sich seinen Weg dorthin gesucht. Ist ihn Schritt für Schritt – und hart arbeitend – gegangen. Von tiefgreifenden Krisen und Blicken in den Abgrund ist er dabei verschont geblieben. Und doch sieht Martin Wind eine Voraussetzung für sein künstlerisches Schaffen besonders auch im Risiko und dem Mut zu scheitern. Künstlerische Prozesse erfordern das Wagnis der emotionalen Öffnung und des Loslassens. „Natürlich hast du immer auch Momente des Zweifels, nicht jedes Konzert und nicht jede Aufnahme läuft immer super gut. Und du hast Momente, wo du einfach versagst. Das gehört auch dazu. Man muss auch versagen. Man muss sich aber auch erlauben zu versagen. Gerade wenn du improvisierst und wirklich im Moment lebst, wenn du dir das nicht erlaubst, dann ist einfach immer diese Angst da. Du musst dir einfach zugestehen zu versagen. Es kann in die Hose gehen, aber nur, wenn du diese Bereitschaft zeigst, kannst du auch wirklich Wahnsinns-Sachen erleben. Ansonsten schwimmst du immer mit Rettungsring."

Die Schwimmflügel, die er trägt, sind für das Publikum unsichtbar. Sein jahrelanges und ständiges Üben geben ihm eine große Sicherheit, Auftrieb. In dem Moment, wo er mit anderen Musikern auf der Bühne spielt, muss er nicht mehr über Tonleitern und bestimmte hohe Töne und Bogenstriche nachdenken. Er ist auf einem Niveau, wo er beim Spiel nicht mehr auf sich selbst achten muss. Da wollte er immer hinkommen. „Dafür musste ich soviel üben. Das ist die Vorbereitung und dann, im Moment, muss man alles der anderen aufnehmen und selber anbieten können."

Aufgeregt ist er vor seinen Auftritten nur noch selten, aber Respekt hat er vor dem Umfeld, in dem er sich bewegt, nach wie vor. Hier in New York ist er umgeben von den großen Namen des Jazz. Beim gestrigen Konzert spielte er mit Wyclef Gordon, „einem der Jazz-Posaunisten überhaupt auf diesem Planeten." Und auch die Namen mancher Clubs seiner Auftritte haben Musikgeschichte geschrieben. „Ich bin immer noch absolut fasziniert von dieser Stadt. Und es ist immer noch unfassbar, dass ich das alles direkt vor der Haustür habe. Und hier im Village Vanguard zu spielen, das ist der bekannteste Jazzclub auf der Welt, da haben Coltrane, Miles Davis und alle Legenden haben da gespielt – und das riechst Du an der Wand. Und ich hab da auch gespielt. Das ist irre." Schwärmt der Mann, dessen Finger sich bewegen, als würde er gerade spielen, wann immer er über Musik spricht.

Mit der Vergangenheit ist er zufrieden. In der Gegenwart glücklich. Was soll die Zukunft noch bringen? „Ich glaube, dass die Musik mich mit Würde altern lässt. Weil du immer weiter involviert bist und immer neue Ziele hast und nie wirklich das Ziel erreichst – du einfach frisch bleibst." Sein Ziel ist, so lange wie möglich weiter Musik zu machen, weiter zu lernen und Neues zu entdecken. Eines Tages mehr zu komponieren und selber zu arrangieren. Ob in New York oder zurück in Europa lässt er dabei offen. „Ich wache auf und hab immer Bock auf den Tag. Weil ich das einfach liebe, was ich mache!"

Und dann ist es wahrscheinlich mittlerweile auch egal, wo er aufwacht. Hauptsache Maria ist da. Und die beiden Jungs. Aber eines steht schon geschrieben: Martin Wind möchte im Falle seines Todes eine Seebestattung in der Flensburger Förde. „Wo sollte ich sonst hin?" Ein friedliches Lächeln liegt in seinem Ausdruck.

SMOKE
JAZZ CLUB
I ♥ NY
Sonder
Harrislee
Glücksburg
Flensburger Förde
Flensburg
Gelting

Irgendwann wird er also an den Ort seiner Kindheit zurückkehren. Aber etwas wird immer anders sein. Er hat in New York gelebt. Er hat mit all den Musikern dort gespielt. Er hat dazugehört, war wirklich einer von ihnen.

Das klingt nach wie vor wie ein Traum. Aber einer, den er lebt. Jeden Tag.

Birgit Liss

Prof. Dr. rer. nat. Birgit Liss
*29.04.1971

Menschliches Gehirn – aus einer weichen, an der Oberfläche reliefartige Windungen aufweisenden Masse bestehender, im Schädel gelegener Teil des Zentralnervensystems, der unter anderem das Zentrum für Assoziationen, Instinkte, Gedächtnis und Lernen, auch Sitz des Bewusstseins ist. (Duden)

Diese etwa 1,4 kg schwere „Masse", unser Gehirn, reguliert fast alle unsere Körperfunktionen und befähigt uns zu denken und zu fühlen. Jeden Tag, jede Minute, jede Sekunde. Jetzt.

„Wenn Frau Prof. Dr. Liss kommt, dann hören Sie's. Die geht ganz schnell."

Prof. Dr. rer. nat. Birgit Liss ist Leiterin des Instituts für Angewandte Physiologie der Universität Ulm, lehrt und forscht in einem Neubau auf dem Campus mit der Anschrift: Albert-Einstein-Allee. Von allen Seiten dringt Licht durch die Glasfassade, scharfe Schattenflächen entstehen, hell und dunkel wechseln sich ab. Ihr Büro liegt in der vierten Etage des Forschungsgebäudes, daneben eine Vielzahl an Laborräumen, in denen Birgit Liss und ihre Mitarbeiter wissenschaftliche Erkenntnisse über Dopamin produzierende Nervenzellen im Gehirn gewinnen. Der Weg zu einem tiefgründigen Verständnis unseres komplexen Organs ist ein langer, denn es besteht aus schätzungsweise 100 Milliarden Nervenzellen. Die Länge aller Nervenbahnen beträgt annähernd sechs Millionen Kilometer, das 145-fache des Erdumfangs.

„Wenn Frau Prof. Dr. Liss kommt, dann hören Sie's. Die geht ganz schnell."

Schnell war schon das Tempo, mit dem Birgit Liss ihre wissenschaftliche Karriere aufgebaut hat: angefangen in den 1970ern als Grundschülerin in der Dörfergemeinschaftsschule Schafflund, über die Auguste-Viktoria-Schule Flensburg in den 80ern, nach dem Abitur in den 90ern dann das Studium der Biochemie und Molekularbiologie an der Universität Hamburg, mit anschließender Promotion am dortigen Zentrum für Molekulare Neurobiologie (ZMNH); zur Jahrtausendwende machte sie den Sprung als Postdoktorandin an die University of Oxford, darauf folgte 2003 die Juniorprofessur für Molekulare Neurophysiologie an der Universität Marburg, vier Jahre später – im Alter von 36 Jahren – bereits die volle Professur am Institut für Allgemeine Physiologie an der Universität Ulm, dessen Leitung in Forschung und Lehre sie seit 2010 innehat.

Und dann sind sie tatsächlich zu hören, die angekündigten Schritte auf dem Flur der vierten Etage. Birgit Liss nimmt die geöffnete Post vom Tag entgegen, einen Stapel Papier zur Unterschrift, mit gezieltem Griff noch einen Kugelschreiber, sie lässt sich von ihrer Sekretärin den Inhalt der jeweiligen Seiten nennen: Reisekostenabrechnung, Vortragsanfragen, Prüfungstermine für die Studenten. Über den Schreibtisch gebeugt, setzt sie ihren Namenszug unter die Dokumente, spricht anstehende Termine ab, verabschiedet sich und nimmt Post und eine Flasche Wasser mit in ihr Büro nebenan. Das ist ein großer Raum, der einen freien Blick in den Himmel über dem Ulmer Eselsberg bietet. Hier türmen sich haufenweise weitere Papiere, Aktenordner sowie Fachbücher. An der Wand vis-à-vis des Schreibtischs hängt ein Din A3-Kalender: Unter Seglern auf der Ostsee. „Die Heimat!“, grinst sie und lässt sich auf einen der Stühle am Besprechungstisch sinken. Ob dieser Gedanke bereits die Ausschüttung von Dopamin – ein sogenanntes Glückshormon – bei ihr hervorruft? Der Ausdruck in Birgit Liss' Gesicht lässt es vermuten.

Als Wissenschaftlerin basiert bei ihr vieles zunächst auf Fragen und Vermutungen. „Ich mag Probleme, ich mag Probleme lösen, ich möchte verstehen und mir neue Probleme suchen.“ Neugier, Lust und Jugendlichkeit klingen aus ihrer Stimme. „Ich arbeite an Nervenzellen, die den Botenstoff Dopamin ausschütten und die an zentralen Funktionen des Gehirns beteiligt sind.“ Sowohl zu viel Dopamin, als auch zu wenig beeinträchtigt die Hirnfunktionen und verursacht im Krankheitsfall spezifische Symptome. Eine spezielle Population der Dopaminzellen stirbt bei Parkinson ab, eine andere ist bei Schizophrenie überaktiv – eine weitere ist bei Schizophrenie und ADHD, dem „Zappelphilipp-Syndrom“ unteraktiv, wieder eine wird bei Drogensucht stimuliert. „Unsere Fragestellung ist: Diese Typen von Dopamin-Neuronen im Mittelhirn – wie können die so unterschiedliche Funktionen haben wie Bewegung, Emotionen, Kognition und wieso sind diese so unterschiedlich betroffen bei Parkinson, Schizophrenie,

ADHD und Drogensucht? Nervenzellen kommunizieren über Aktivität, senden quasi ständig elektrische Morsecodes aus, um miteinander zu sprechen“, – BAM BAM – sie greift eine der leeren Plastikflaschen vom Tisch und schlägt einen Rhythmus, BAM BAM – BAM – BAM BAM, „und wir hören uns quasi diese Morsecodes an und gucken, wie sich die verschiedenen Typen von Dopamin-Neuronen unterscheiden – unter Kontrollbedingungen und in Krankheitsbildern.“ Worin unterscheiden sich die Aktivitätsmuster und inwiefern verändern sie sich im Krankheitsfall, „also, was geht schief?“ Warum sind die Dopamin-Neuronen, die bei Parkinson absterben, so empfindlich gegenüber Zellgiften, während die daneben liegenden resistenter sind und nicht absterben?

Die neu gewonnenen Ergebnisse werden veröffentlicht. „Aber mit jeder Sache, die du abschließt, ergeben sich drei, zwölf, siebzig neue Fragen. Es geht immer weiter.“ Sie strahlt, während sie die Morsecode-Wasserflasche aus der Hand legt.

Birgit Liss spricht von wissenschaftlicher Neugier, Faszination, Begeisterung. „Es gibt so viele Neuronen im Gehirn und die sind alle spannend, aber ich finde nach wie vor die dopaminergen sind die besten und tollsten – ich möchte immer an denen weiterarbeiten!“ Neben dieser Leidenschaft formuliert sie einen weiteren Aspekt ihrer Motivation. „Wenn man nur ein Mini-Puzzleteil beitragen kann, um vielleicht die Krankheiten ein bisschen besser zu verstehen.“

Je detaillierter das Wissen über die Unterschiede der Dopamin ausschüttenden Neuronen z.B. bei Parkinson, Schizophrenie und Suchterkrankungen ist, desto spezifischer könnten die jeweiligen Medikamente entwickelt werden, die dann weniger Nebenwirkungen hätten. „Dass man bei Parkinson zum Beispiel nur noch die Dopamin-Neurone targetet – also anpeilt –, die wirklich absterben, und nur dort durch Medikamente den Dopaminspiegel erhöht, wo das Dopamin tatsächlich reduziert wird; aber nicht die anderen dopaminergen Systeme im Gehirn, die gar nicht betroffen sind, die aber bei den jetzigen Therapien noch mitstimuliert werden, wodurch Nebenwirkungen wie Psychosen bei Parkinsonpatienten entstehen können." Umgekehrt, bei der Schizophrenie, will man eigentlich insbesondere das überaktive Dopamin-System dämpfen, dämpft aber alle, so dass die Patienten als Nebenwirkung z.B. Parkinsonismus-Symptome zeigen können. Einen Baustein zu diesem Wissen beitragen zu können, und zu wissen, dass dieser die Grundlage für verbesserte Therapien liefern könnte, „das wäre toll!"

Seit mittlerweile fast zwanzig Jahren dreht sich ihre Grundlagenforschung um die dopaminergen Nervenzellen. „Ich arbeite eigentlich fast immer." Im Labor steht sie nur noch selten – manchmal spät abends oder nachts; sie hat dort ihre Mitarbeiter und legt Wert auf flache Hierarchien. Birgit Liss möchte in alle Projekte involviert sein, den jeweiligen Stand und Fortschritt wissen. Sie hat den Überblick über sämtliche ihrer Forschungsprojekte, den Lehrstuhl zu managen steht aber im Vordergrund. Die Arbeit mit den Studenten umfasst das Vorbereiten und Halten von Vorlesungen, Prüfungen, Klausuren, Kommissionssitzungen, viel Administratives. Vor ihr sitzen ca. 500 Medizinstudenten pro Semester, wissenshungrig nach Antworten auf die Fragen: Was ist ein Neuron? Wie funktioniert der Herzschlag? „Ganz grundlegende Dinge“ für Birgit Liss, die Wert darauf legt, ihre Vorlesungen mit aktuellen Themen aufzufrischen, die sie selbst auch spannend findet – und darauf, ihre Studenten bei der Wissensvermittlung auch zu „entertainen“.

Videoaufnahmen ihrer Vorlesungen fürs Internet lehnt sie ab. „Ich möchte, dass die Studenten, die kommen, auch einen Vorteil davon haben. Und ich erzähl immer mal auch Döntjes mit dazu, dann können sich die Studierenden schwierige Sachverhalte besser merken. Ich rede wie es mir gerade in den Kopf kommt; ich sage bestimmt auch ab und zu politisch unkorrekte Dinge. Da ich weiter so spontan meine Vorlesungen halten will, muss ich wissen, dass keine Sätze aus dem Kontext gerissen werden.“

Dass ihre Tochter Birgit „irgendwie anders“ ist, bemerkten die Eltern wenige Jahre nach deren Geburt 1971 in der Flensburger Diakonissenanstalt. Im Alter von drei Jahren konnte sie lesen und schreiben, baute in ihrem Elternhaus in Schafflund Radios und Wecker auseinander – sie war auf der ständigen Suche nach dem Verstehen. Im Wohnzimmer entdeckte sie ein Konversationslexikon – „das habe ich durchgelesen von A-Z, noch und nöcher, wie meine Bibel, weil ich Wissen haben wollte!“ Als jüngste von drei Geschwistern löcherte sie ihre Familie mit Fragen, ein Hochbegabtentest brachte schließlich eine Antwort. Für die Eltern blieb der Umgang mit ihrer Tochter eine Herausforderung. Während des 2. Weltkriegs herangewachsen, hatten sie selbst geringe

Bildungschancen und nun Schwierigkeiten, dieses so außergewöhnlich kluge und wissensdurstige Kind zu verstehen. Birgit Liss sehnte den sechsten Geburtstag und die Einschulung in die Dörfergemeinschaftsschule Schafflund herbei – hatte sie doch bei ihren älteren Geschwistern bereits erlebt, wie herausfordernd diese Zeit werden sollte.

Aber der Schulalltag entwickelte sich anders. „Wann geht denn das los? Wann wird's denn jetzt schwer?" Sie lacht über die Erinnerung. „Das kann man sich jetzt nicht mehr vorstellen, aber ich war als Kind sehr, sehr schüchtern, so dass ich da einfach still rum saß und mich gelangweilt habe." Vereinzelt nahmen Erzieher ihre Unterforderung wahr und kümmerten sich, aber die Devise lautete damals in den 70ern: „Bloß nicht fördern, damit sie nicht zu sehr aus ihrem sozialen Umfeld rauskommt." Die Eltern entschieden sich gegen die frühzeitige Einschulung und das Überspringen einer Klassenstufe. „Darüber bin ich froh, ich war schon so eine der Jüngsten. Natürlich weiß ich, dass mir das Lernen leicht gefallen ist, aber als kleines Kind realisiert man ja gar nicht, dass es anderen schwerer fällt. Ich habe für andere die Hausaufgaben gemacht und nicht verstehen können, wo das Problem ist. Solche Unterschiede nimmt man in dem Alter gar nicht wahr."

Unter Freunden erst recht nicht. „Ich hatte nie so viele Freunde, aber immer ein paar, mit denen ich sehr eng war." Sie hatte Freude am Basteln, beim Basketball, Handball „und im Spielmannszug war ich, im Schafflunder Spielmannszug", ergänzt sie mit strahlendem Kopfnicken.

Über die Auswahl der weiterführenden Schule gab es familiäre Unstimmigkeiten. Der Vater plädierte für die Realschule, die Mutter wollte der nachdrücklichen Empfehlung der Lehrer fürs Gymnasium nachgehen und dem Mädchen die Möglichkeit zur höheren Schulbildung geben. Sie setzte sich durch, worüber Prof. Dr. rer. nat Birgit Liss ihr bis heute dankbar ist.

Im Sommer 1981 wechselte sie also zur Flensburger Auguste-Viktoria-Schule. „Das war eine sehr gute, die richtige Schule für mich. Aber es war alles ein bisschen davon überschattet, dass wir ganz, ganz wenig Geld hatten." Der Großteil der Schüler waren Akademikerkinder der Westlichen Höhe, „bis auf einige Buskinder, wie wir genannt wurden". An Segelscheine oder Musikinstrumente war für die Heranwachsende nicht zu denken, zumal eine schwere Erkrankung des Vaters die finanziellen Hürden zusätzlich erhöhte. An das Gefühl in den Tagen vor einer Klassenfahrt erinnert sie sich noch im Detail. „Die Demütigung, weil meine Eltern das Geld dafür nicht hatten. Da musste ich entweder zu Hause bleiben oder über meinen Schatten springen und es dem Stufenleiter sagen. Ich hab das dann letztendlich auch gemacht, was mir aber sehr peinlich war." Diesen Gang nach Canossa zögerte sie aus Scham bis wenige Tage vor der Fahrt hinaus – sofort wurden die Reisekosten für sie aus einem Fonds bezahlt. „Damit hatte keiner gerechnet, dass wir so wenig Geld hatten, weil ich eine gute, unauffällige Schülerin war. Im Nachhinein ist da natürlich überhaupt nichts peinlich dran, aber als Teenager ist das schlimm für mich gewesen."

Trotz eines Schattens von Geldsorgen ist Birgit Liss gern zur Schule gegangen, hatte Freude am Lernen und bekam am Gymnasium endlich Antworten auf viele ihrer Fragen. „Physik, Chemie, Biologie – ich hab gewartet auf die nächsten Stunden, weil die Fächer so toll waren! Ich fand das so spannend." Nur die Fächer Deutsch und Englisch begeisterten sie weniger. „Meine Mutter hat viel Plattdeutsch zu Hause gesprochen, mein Vater war Ostpreuße, bei uns wurde oft kein richtiges Hochdeutsch gesprochen. Ich bin bis zur Oberstufe noch korrigiert worden, weil meine Grammatik falsch war. Ein bisschen hört man das ja immer noch." Sie lacht laut und lange. „Für mich klingt immer noch richtiger: Der ist größer wie sie – aber ich weiß, es heißt: als. Das wieder umzulernen hat lange gedauert."

Birgit Liss ging mit Leichtigkeit von Jahrgangsstufe zu Jahrgangsstufe. Die Pubertät, das Entwickeln und Kennenlernen der eigenen Persönlichkeit, die Abgrenzung vom Elternhaus und die ersten gravierenden eigenen Lebensentscheidungen – für viele Jugendliche ein schwieriger Prozess. Die Eltern von Birgit Liss wünschten sich, dass sie nach der 10. Klasse in einen Ausbildungsberuf startete – sie selbst hatte eine andere Vorstellung von ihrer Zukunft. „Das war schwierig. Meine Eltern waren sehr klug, aber hatten durch ihre familiäre Prägung die Einstellung, es sei besser für mich, zügig in den Beruf zu kommen und zu arbeiten – gerade als Mädchen." Aber sie stellte sich der Auseinandersetzung und ging den für sie richtigen Weg. Mit Erfolg – ihr Abitur wurde eines der besten des Jahrgangs. Ähnlich wie die Langeweile in der Grundschule und die Geldsorgen bei Schulaktivitäten, blieb auch dieser Konflikt um das Abitur und ihre überdurchschnittlichen Fähigkeiten fast unbemerkt. „Ich denke, die Lehrer hatten mich nicht so auf dem Schirm wie die Cello-Spieler aus gutem Hause. Ich war eher die kleine Struppige vom Dorf." So ihre rationale Einschätzung. Auch, dass ihre Begabung für Mathematik und Chemie in den Beruf der Naturwissenschaftlerin führte, liegt an ihrer eigenen Willensstärke. „Als ich bei der Studienberatung gesagt habe, mich interessieren diese Fächer, haben die erst mal gesagt – ach, das ist doch nichts für Sie. Dann haben sie in die Noten geguckt – naja, theoretisch können Sie das tatsächlich studieren. Aber machen Sie mal Apothekerin, da können Sie halbtags arbeiten, sind Sie mir später dankbar, wenn Sie Kinder haben." Birgit Liss' Gefühl widersprach: „Aber ich möchte nicht Pharmazie machen, ich möchte nicht Apotheker werden. Ich möchte Wissenschaftler werden. Der Witz ist, ich hatte keine Idee, was das ist, aber ich dachte: Das ist bestimmt toll! Ich möchte immer einfach mehr über den menschlichen Körper lernen." Verstehen.

Zum Wintersemester 1990 war sie im Studiengang Chemie an der Universität Hamburg eingeschrieben. Zur gleichen Zeit wurde dort ein neuer sogenannter Elitestudiengang Biochemie/Molekularbiologie eingeführt, mit nur sechzehn Studenten. Dorthin schielte sie und wagte das Bewerbungsverfahren. Zu Schulzeiten war ihr Selbstbewusstsein noch gering, aber in den ersten Wochen an der Universität bekam sie ein Gespür für ihre fachlichen Fähigkeiten und das Selbstvertrauen wuchs. „Ich kam an die Uni und dachte, jetzt muss es doch schwerer werden. Aber es wurde eher leichter!" Sie bekam einen der begehrten Plätze und beschritt von nun an den Pfad zur Biochemikerin. „Das war natürlich super – mit nur sechzehn Studenten. Die Professoren kannten einen persönlich, das war wirklich ein Studium ähnlich wie Oxford – war schon toll." Und das Leben in Hamburg? Ihre Stimme lacht über zwei Oktaven – „Super! Das war wirklich die beste Zeit!" Das fünfjährige Studium fiel ihr leicht, sodass sie nebenbei noch Kapazitäten hatte zu jobben. Zum ersten Mal hatte sie etwas mehr Geld, eine eigene Wohnung und das Gefühl: „Wow, das Leben ist gut."

Nach dem Diplom promovierte sie Mitte der Neunziger über die dopaminergen Neuronen – summa cum laude. Zwanzig Jahre später sind diese Nervenzellen immer noch Inhalt ihrer Forschung. „Da hab' ich Glück gehabt, dass ich schon in meiner Doktorarbeit etwas gefunden habe, wo ich sage: Das ist echt toll!" Wieder strahlt sie über das ganze Gesicht, versucht mit beiden Händen gestikulierend und mit mädchenhafter Stimme begreiflich zu machen, wie sehr gerade diese Zellen sie reizen – ihren Nerv treffen.

Seit der Schulzeit ging sie mit großem Fleiß an jede Aufgabe. Die Note 1,0 stand unter nahezu allen ihren Arbeiten an der Universität. Dass jede weitere solcher Bewertungen ein Zeugnis ihrer herausragenden Fähigkeiten war, konnte Birgit Liss schon während der Schulzeit und auch an der

Universität Hamburg nur schwer verstehen. Erst als Postdoktorandin an der Eliteuniversität Oxford begriff sie. „Sich zu unterschätzen ist genauso falsch wie sich zu überschätzen. Beides ist gleichermaßen weit entfernt vom Realwert. In der Wissenschaft gibt es immer einen Mittelwert und die Standardabweichung. Und wenn man sich unterschätzt ist es genauso falsch, als wenn man sich überschätzt. Nur unterschätzen ist – gerade in Deutschland – eher okay; aber unterschätzen ist genauso daneben wie überschätzen!“

Eine realistische Einschätzung ihrer Leistung fiel ihr schwer – trotz der offensichtlichen Fakten. „Der Elitestudiengang in Hamburg – und ich bin einer davon. Ich hatte im Diplom alles mit 1,0 – also kann keiner besser gewesen sein. Dann 1999 der Karrieresprung nach Oxford, als ich da gemerkt habe, ich bin auch dort eine der Besten, da hab ich gedacht: Mhmm, okay. Du scheinst wohl wirklich gut zu sein, in dem, was du machst.“ Dennoch zweifelte sie viele Jahre, misstraute sich und ihren Erfolgen. „Ich habe mir immer wieder Challenges gesucht, die mir gezeigt haben: Doch. Stimmt.“ Sie machte einen IQ-Test, jetzt hatte sie es schwarz auf weiß. Sie bewarb sich in Oxford für die höchst kompetitiven Stipendien, „die kriegen wirklich wenige. Wieder ein Beweis.“ Experten sprechen vom Impostor-Syndrom, das vor allem außergewöhnlich erfolgreiche Frauen zeigen. Merkmal dieses sogenannten Hochstapler-Syndroms sind der fortwährende Zweifel am eigenen Erfolg und der Gedanke:„Es ist vielleicht eigentlich fake und irgendwann bricht das alles zusammen.“

Im Laufe der Zeit lernte sie, ihre Stärken zu erkennen, konnte ihre Schüchternheit ablegen und das Selbstbewusstsein entwickeln, das sie heute ausstrahlt. „Ich glaube, gerade wenn man aus so einem einfachen Haushalt kommt wie ich, ist es schwer, den Dingen und sich selbst zu trauen. Das habe ich erst in Oxford gelernt."

Die Professoren in Oxford, allen voran ihre Mentorin Prof. Frances Ashcroft, erkannten ihr Potenzial und förderten die knapp dreißigjährige Dr. Birgit Liss in ihrer beruflichen und persönlichen Entwicklung. Anders als in Deutschland wurde der Aufbau ihrer Karriere auch finanziell unterstützt. Sie bekam höchstdotierte Stipendien, entscheidende Schritte, die in aller Regel den Weg zu einer Oxford-Professur vorzeichnen. „Das hätte ich wohl auch machen können, denke ich; so früh ein Stipendium der Royal Society, mehr kann man nicht wollen."

Anfang der 2000er Jahre wurde im deutschen Universitätswesen aber die Position der Juniorprofessur eingeführt, die nach der Promotion eine Zwischenetappe auf dem Weg zur Professur ist. Birgit Liss reizte die Rückkehr in die Heimat und nach vier intensiv prägenden Jahren in England, bewarb sie sich auf zwei neu ausgeschriebene Stellen in Marburg und Berlin. Beide Universitäten offerierten ihr die Position als Juniorprofessorin – am Ende der Verhandlungen traf sie ihre Entscheidung für die besseren Konditionen in Hessen. In Marburg forschte sie bis 2007 und bewarb sich von dort auf eine volle W3-Professur in Ulm. Das W steht für Wissenschaft, die 3 für die höchste Besoldungsgruppe.

Prof. Dr. rer. nat. Birgit Liss wechselte ins Schwäbische – und blieb. Sie bekam seitdem viele Rufe an andere Universitäten: nach Graz, Mainz, Köln und aktuell in ihre schleswig-holsteinische Heimat – nach Lübeck. „Teilweise extrem gute Angebote," aus ihrer Sicht, „aber ich habe mich bislang doch entschieden, in Ulm zu bleiben. Das hat viele gewundert, weil es unter Umständen nicht der vermeintlich bessere Karriereschritt war." Erstmals setzte sie ihre Prioritäten auch emotional. „Ich habe mir gesagt: Nicht alles, was man erreichen kann, muss man auch erreichen wollen. Es wäre ja kein wirklicher Aufstieg mehr, es gibt nach W3 mit Leitungsfunktion eines Instituts formal keinen Aufstieg mehr im Universitätswesen." Ein Wechsel hätte mehr Geld bedeutet, größere Ressourcen, aber auch wieder einen Neuanfang. „Ich habe hier in Ulm sehr gute Bedingungen und in den letzten Jahren ein tolles Team aufgebaut. Das war sehr viel Arbeit. Mein Labor und der Lehrstuhl in Ulm laufen gut – wenn man jetzt die Uni wechselt, ist es mindestens drei Jahre wieder komplett Aufbauarbeit."

Heute, im Alter von Mitte vierzig, kann die Biophysikerin auf Erfolge blicken wie kaum ein Zweiter in diesem Fach – genauer: keine Zweite. 2002 wählten der Burda-Verlag und das Pharmazieunternehmen Johnson & Johnson die Flensburgerin zur „Frau des Jahres". 2003 zeichnete die Deutsche Parkinsongesellschaft sie aus, drei Jahre später gewann sie den Hirnliga-Forschungspreis und im Jahr 2007 den mit einer Million Euro dotierten Alfried Krupp-Preis für junge Hochschullehrer. „Das war mit Abstand der emotionalste Moment in meinem Berufsleben. Damit rechnet man einfach nicht. Das ist der größte Forschungspreis für junge Hochschullehrer in Deutschland, ich wurde von zwei Nobelpreisträgern vorgeschlagen – eine solche Ehre. Das ist für mich das Größte, was einem in dem Alter passieren kann. Danach gibt es fast nur noch den Leibniz- und den Nobelpreis – beide werde ich sicher nicht bekommen." Sie imitiert das Kreischen, als ihr das Telegramm mit der Auszeichnung vorgelesen wurde. „Waaaassss?!" Als „größten Hammer" empfindet sie es auch jetzt noch – „eine riesen Anerkennung." Das hoch dotierte Preisgeld der Krupp-Stiftung ermöglichte ihr, das Ulmer Labor auf den fortschrittlichsten Stand auszubauen und sie verwendete es auch für die Vergabe von Stipendien – wie sie es in Oxford erleben durfte. Birgit Liss betont zudem die ideelle Förderung, die sie durch den Preis erfuhr und noch heute erfährt. „Auf einmal gehen Türen auf, die sonst zu sind. Auf einmal wirst du viel mehr wahrgenommen." Von Berthold Beitz, dem Schirmherrn der Stiftung, wurde sie zur Kieler Woche eingeladen und durfte auf der Yacht Germania mitsegeln, als Frau – „das dürfen eigentlich nur Männer".

Birgit Liss sticht immer wieder in Gewässer, wo andere an Land bleiben. Als eine von wenigen Frauen auf ihrer Karrierestufe arbeitet sie in Deutschland in einem männlich dominierten Wissenschaftsgebiet und gehört dabei zu den sehr sichtbaren Professoren. Sichtbar durch ihre Preise und Publikationen, aber auch schon allein durch die Tatsache, dass sie weiblich ist. „Eine Frau in Biophysik ist immer noch die

Ausnahme. Und dann auch noch eine Frau, die aussieht wie eine Frau. Mein Gefühl ist, dass dies weniger akzeptiert ist, als ein anderer Typ von Wissenschaftlerinnen, bei denen man vielleicht denkt: Die hat ja sonst nichts." Birgit Liss entspricht nicht dem, was viele als klassisches Bild von einem Professor im Kopf haben. Und sie weiß auch, dass sie mit ihrem Anderssein polarisiert. Oftmals erlebt sie ihre internationalen Kollegen beim persönlichen Aufeinandertreffen überrascht: „Ach, Du bist die Liss? Dich habe ich mir ganz anders vorgestellt." Ihre Anekdoten zum Thema reichen weit. Mittlerweile beschreibt sie sich als robust im Umgang mit ihren männlichen Kollegen, die Thematik Diskriminierung ist ihr mit den Jahren gleichgültig geworden. Sie hat ihren Umgang und ihre Erklärung gefunden. „Frauen in meiner Position sind leider immer noch etwas Ungewöhnliches. Viele projizieren aufgrund meines Berufs Wesenszüge in mich als Privatperson hinein und schätzen mich ganz falsch ein."

Neben einem klugen Kopf hat sie eine große emotionale Sensibilität, die auch Verletzbarkeit bedeutet. Und großen Humor. „Hilft ja nix! – Wenn du Karriere machen willst, hast du Freunde und Feinde. Es gibt Leute, die helfen dir. Und es gibt Leute, die pinkeln dir ans Bein. Solange dich die richtigen Leute unterstützen, die du für ihre Leistung und Persönlichkeit bewunderst, und die, die du selber nicht allzu gut leiden kannst, deine Feinde sind, ist doch alles okay."

Birgit Liss nimmt einen Schluck Wasser, die langen blonden Haare glänzen im einfallenden Sonnenlicht, die ebenmäßigen Gesichtszüge bewegen sich zu einem Lächeln, bei dem sich ihre blauen Augen weit öffnen. Sie guckt auf die Armbanduhr und zieht sieben Stunden ab. Ihr Partner lebt in den USA und sie mutmaßt, dass er in diesem Moment aufwacht. „Die Entfernung ist schon bizarr, aber die Zeitverschiebung ist das größere Problem." Die geistige Nähe wiegt diese Distanz trotz aller Anstrengungen auf. „Wir arbeiten an ähnlichen Forschungsthemen. Wenn ich da bin, arbeiten wir natürlich auch viel zusammen, oder wenn er hier ist." Beruf und Privatleben trennen kann sie nicht. Und will sie auch nicht. Ihre Neugier kennt keinen Feierabend. „Ich will das auch in meiner Freizeit machen. Letztendlich habe ich ja das große Glück, für mein Hobby bezahlt zu werden." Als Kontrapunkt zur Wissenschaft lebt sie ihre Spielfreude aus, immer wieder beim Pokerspiel und in einer 2015 ausgestrahlten Folge als Gewinnerin bei „Wer wird Millionär".

Mit dem Wandkalender des Büros zeigt sie ihre Leidenschaft fürs Segeln – viel Zeit selber an Bord zu verbringen schließt ihr Terminkalender meist aus. „Ich arbeite wirklich viel. Natürlich ist man da immer müde – ich sag immer: Ich brauch ein neues Wort für müde. Müde trifft es einfach gar nicht mehr." Auch die Kraftreserven sind manchmal aufgebraucht. Birgit Liss greift nach der Wasserflasche – ob es trotzdem gut so ist, beantwortet sie mit Blubbern im Mund. „Mhhmmm." Der Flaschenboden klingt auf der Tischplatte. „Zwingt mich ja keiner dazu, bis auf, dass ich selbst das will."

Jeden Tag versucht Birgit Liss ihr Wissen über das menschliche Gehirn und das Zusammenspiel der dopaminergen Neuronen zu vertiefen. Sie durchdringt Zusammenhänge, die das Leben aller Individuen bestimmen und doch ein faszinierendes Rätsel bleiben. Haben wir einen freien Willen, oder sind wir doch nur eine Verknüpfung synaptischer Kontakte, von Hormonen, von Transmittern und von genetischen Determinanten, Proteinen, die uns bestimmen – und unser freier Wille, unser aller Spielraum ist viel kleiner als wir denken? Sie setzt beide Füße auf den Boden und richtet sich auf ihrem Stuhl auf.

„Ich denke, wir müssen so leben, als hätten wir einen komplett freien Willen. Ich finde, man muss sich immer hinterfragen, ist das ethisch in Ordnung, was ich hier mache oder was ist meine Motivation? Ich habe die Möglichkeit, mein Verhalten zu ändern in jeder Situation. Dass unser freier Wille wahrscheinlich kleiner ist als wir meinen, zeigen Beispiele wie das „Prader-Willi-Syndrom". Das ist eine ganz komplexe Mutation, eine kleinste genetische Änderung, die vorliegt, aber die Betroffenen können nicht aufhören zu essen, haben ein ständiges Hungergefühl. Eine winzige genetische Änderung kann dramatische Auswirkungen auf ein komplexes Verhalten haben. Oder noch ein Beispiel: Jemand entwickelt einen Tumor im präfrontalen Kortex – und sein ganzes Wesen, seine ganze Persönlichkeit kann sich ändern. Jemand, der z.B. vorher schüchtern war, kann sehr aggressiv werden. Oder – ein noch subtileres Beispiel: Hormonelle Imbalancen." Sie baut Spannung auf, fesselt mit ihrem spontanen Vortrag, schlägt den Bogen vom Krankheitsbild in den gesunden Alltag. „Zyklus, Monatszyklus, in dem unsere Östrogen- und Testosteronlevels auf- und abgehen. Ich möchte die Frau unter uns sehen, die sagt: Das lässt mich völlig kalt. Die meisten Frauen kennen diese Phasen, wo wir z.B. einfach anfangen zu weinen, wenn Bambi stirbt." Sie lacht. „Das ist jetzt klischeehaft betont, aber natürlich ist da etwas Wahres dran – und dass unsere Hormone unsere Synapsen beeinflussen und unsere Nervenzellen und auch noch andere Vorgänge im Körper, ist wissenschaftlich bewiesen." Sie denkt weiter. An Frauen, die Kinder bekommen und danach so viele Veränderungen an sich wahrnehmen. „Die Schwangerschaft, die Geburt, das ist eine hormonelle Bombe. Die Geschlechtshormone sind Transkriptionsfaktoren, die dauerhaft die Genexpression von Zellen verändern können. Man ist wirklich dann ein anderer Mensch." Im Kontext der Evolution ist das ein logischer Prozess, das Mutter-Sein erfordert neue Verhaltensweisen und das Gefühlsspektrum ändert sich.

„Wir sind von unseren Genen in einem gewissen Rahmen determiniert und unsere Hormone werden natürlich auch unser Verhalten beeinflussen, aber letztlich ist es irrelevant, wie frei unser „freier Wille" wirklich ist. Man sollte sich das ja nicht als Ausrede ranholen, um sich fatalistisch in die Ecke zu setzen und zu sagen: Ich kann nicht anders."

Für Birgit Liss dreht es sich auch bei dieser Überlegung darum, so viel wie eben möglich zu wissen. Zu Weihnachten schenkte ihr ein Freund einmal die Analyse ihrer genetischen Varianten. Wo bestehen bei ihr erblich bedingte

Risikofaktoren? „Viele wollen das ja gar nicht wissen, aber für mich als Wissenschaftler ist das hochinteressant."

So gibt es Gen-Varianten, die den Menschen empfänglicher für Suchtverhalten machen, oder aber unempfänglicher. Birgit Liss trinkt nicht und raucht nicht. „Das gibt mir alles nichts. Dafür habe ich zum Beispiel Genvarianten, die mich leichter zunehmen lassen. Für mich ist es daher vielleicht härter, schlank zu bleiben, als für andere. Ich kann aber verstehen, warum Menschen nichts über ihre genetischen Veranlagungen wissen wollen. Andererseits – wenn ich Bestimmtes über mich weiß, dann kann ich mich bewusst dementsprechend verhalten." Und entscheiden, sich eben nicht fatalistisch in die Ecke zu setzen. Komplexer wird es natürlich bei schweren Erbkrankheiten, für die es keine Heilung gibt. Will man z.B. wirklich wissen, dass man früher oder später die Huntington-Krankheit bekommt und daran sterben wird – oder will man lieber leben wie alle anderen, ohne diese Gewissheit. Eine richtige Antwort gibt es hier nicht, jeder muss es für sich selbst entscheiden – im Kleinen wie im Großen.

In den wenigen Momenten der Ruhe in ihrem temporeichen Leben bahnen sich auch Fragen nach der Zukunft ihren Weg. „Jeder hat seine Zweifel, und die habe ich auch. Ich stelle mich immer wieder selbst in Frage, ständig." Und schon formulieren sich ihre Gedanken langsamer, weniger extrovertiert. „Ich denke nicht, dass ich auf meinem Sterbebett sagen würde: Hätte ich doch noch zwei, drei Paper mehr publiziert oder noch ein paar Experimente mehr gemacht. Vielleicht bereut man Dinge, die man immer tun wollte, aber eben nicht getan hat, weil man meinte, man hätte dazu keine Zeit." In diesem Kontext steht auch ihre Entscheidung an der Universität Ulm zu bleiben, um eine Konstante zu wahren. Sie wählt ihre Worte nun mit Bedacht. „Weil mir auch mein Privatleben, so wenig es ist, sehr wichtig ist. Und natürlich sind die Menschen, die ich liebe, deutlich wichtiger als meine Arbeit. Auch wenn das von den zeitlichen Proportionen vielleicht anders aussieht."

Beruflich ist sie sehr weit gekommen, als Wissenschaftler bleibt der Alltag aber fern jeder Routine. Für Birgit Liss gibt es keine klar definierten Karriereziele mehr, auf die sie nun hinarbeitet. Im Alltag glücklich zu sein und nicht zu viele Träume nur Träume sein zu lassen – danach strebt sie. Dies bleibt manchmal schwierig, aber neben „Hilft ja nix!" sagt sie sich auch: „Das Leben ist eigentlich okay, so wie es ist. Ich denke oft: Du hast ganz schön Glück."

Wenn sie loslässt und träumt, dann baut sie sich ein eigenes Dopamin- Forschungsinstitut – in Flensburg oder auf Sylt, direkt am Strand. Vier Etagen: Schizophrenie, Parkinson, Drogensucht, ADHD. „Ich werde der Direktor. Mit Blick auf das Wasser. Und ganz oben im Institut würde ich meine Wohnung haben wollen."

Tatsächlich fährt sie jedes Jahr mindestens einmal in die Heimat, am stärksten ist die Sehnsucht nach dem Wasser. „Das vermisse ich am meisten. Jeden Tag vermisse ich das Meer. Wenn man den Kopf frei braucht, einfach ans Meer zu gehen, sich durchpusten zu lassen – und dann weiß man wieder was Sache ist. Schafflund liegt genau zwischen Nord- und

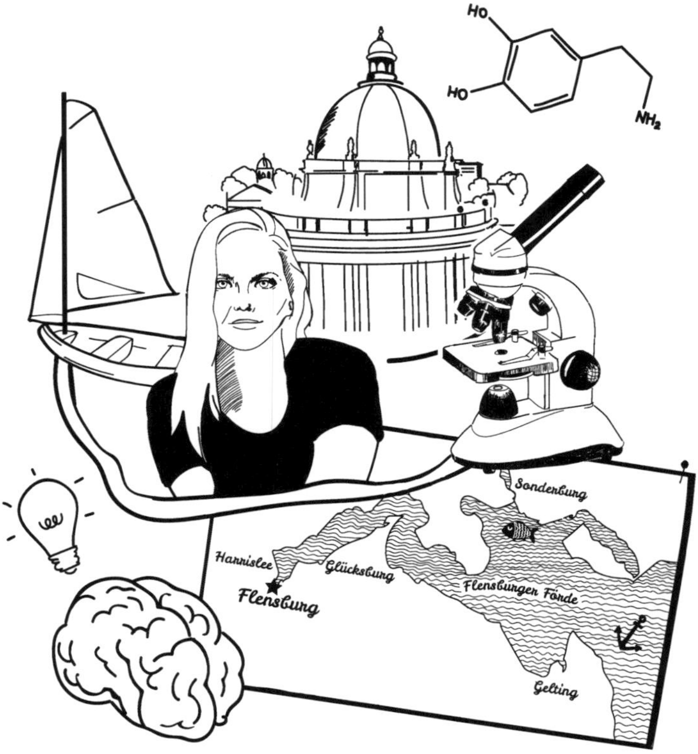
HO
HO
NH2
Sonderburg
Harrislee
Glücksburg
Flensburg
Flensburger Förde
Gelting

Ostsee; im Sommer die liebliche Ostsee und im Winter die raue Nordsee. Wenn dein Kopf zerwühlt ist, gehst du ans zerwühlte Meer und dann wirst du wieder klar."

Klar war für Birgit Liss schon in der Grundschule eines: Beim Brettspiel „Spiel des Lebens" würfelte sie eine Sechs und landete mit ihrer Figur auf dem Feld: Du gewinnst den Nobelpreis. „Okay, Mama. Ich weiß jetzt, was ich werden will: Nobelpreisträger."

Und wer weiß schon, was die dopaminergen Neuronen im Gehirn der Professorin doctor rerum naturalium noch alles ausschütten?

Pietro Bento

Pietro Bento
*31.07.1978

„Patria est, ubicumque est bene.“ – Marcus Tullius Cicero.

„Heimat ist dort, wo man sich wohlfühlt.“ Pietro Bento zitiert den großen römischen Redner und Konsul aus dem Jahr 63 vor Christi Geburt. Mehr als 2000 Jahre später geben diese Worte die Antwort auf eine Frage, die sich in seinem Leben immer wieder gestellt hat: „Wo ist meine Heimat?“ Pietro Bento, Sohn eines italienischen Vaters und einer österreichischen Mutter, geboren im Flensburger St. Franziskus-Hospital.

Heimat ist für ihn ein Ort, an dem es alles gibt, was er braucht und die Menschen ihm begegnen, als wäre er nie woanders gewesen. „Und es ist völlig uninteressant, wie groß die Stadt ist oder wo sie liegt, entscheidend ist, wie man sich dort fühlt.“ Dass Flensburg als Geburtsort in seinem Pass steht, ist reiner Zufall, denn das Ehepaar Bento verbrachte damals nur sieben Tage in der Fördestadt.

31. Juli 1978 – „Manege frei!“ für Pietro. Auf dem Festplatz an der Exe gastierte in jenem Sommer der größte Zirkus Europas: Circus Krone. Unter der Zeltkuppel wirbelten Akrobaten mit ihren atemberaubenden Kunststücken durch die Luft, brüllten Löwen in der Manege, begeisterten exotische Tiere und Dompteure mit ihren Dressurnummern, genauso wie der Weißclown und der dumme August, die das

Publikum in prustendes Lachen ausbrechen ließen. Es war die Zeit vor der Einführung des Privatfernsehens und des Internets, als eine Zirkusvorstellung auf Kinder und Erwachsene große Faszination und Magie ausübte – ein Sinneserlebnis besonderer Art. So drängelten sich allabendlich bis zu 4000 Zuschauer mit Zuckerwatte und Popcorn in das Zelt, um den Zirkusleuten und ihren Wildtieren gebannt zuzuschauen.

Das Ehepaar Bento war damals Teil dieser Gruppe von Zirkusleuten und ab dem letzten Tag im Juli wurde es ihr neugeborener Sohn Pietro auch. „Das größte Glück ist, dass ich in einem Zirkus wie Krone aufgewachsen bin, wo nur große Namen arbeiten." Sein Vater war dort in leitender Position und als Stallmeister verantwortlich für alle exotischen Tiere und deren Pfleger. Heute hat der Sohn diese Aufgabe.

Pietro Bento. Exotenstallmeister und Einlasschef beim Circus Krone. Die erste Woche seines Lebens verbrachte er in Flensburg, danach reiste die Familie mit dem Zirkus durch ganz Deutschland. Erste Kindheitserinnerungen hat er an das Alter von vier Jahren. „Da waren wir Kinder in einer Halle, in die wir eigentlich gar nicht rein durften. Plötzlich kam der Hausmeister, wir sind rausgelaufen und haben den Sohn vom Clown dort eingesperrt, damit er den ganzen Ärger kriegt." Jungenstreiche innerhalb der Zirkusstadt mit ihren rund 250 Menschen und 250 Tieren. „Ich habe Zirkus als besten Ort zum Aufwachsen empfunden. Als Kind hatte man keine Probleme, man musste sich keine Sorgen machen. Solange man in diesem Zaun war, war man sicher. Das war jahrelang so.“ Pietro Bento beschreibt einen großen Zusammenhalt – eine große Zirkus-Familie. Die anderen Kinder nahm er wie Geschwister wahr und auch deren Eltern waren an seiner Erziehung beteiligt. „Nachteil an der Sache war nur, wenn man Mist gebaut hat, dann hat man drei oder vier Mal Ärger dafür bekommen.“ Durch die Gläser seines filigranen Brillengestells ist ein Funkeln in den dunklen Augen des jungen Mannes zu sehen. Er schmunzelt, während er die Ärmel seines engmaschigen Wollpullovers bis zu den Ellenbogen schiebt. Dass die Erwachsenen ihn oftmals auch mit Strenge erzogen haben, erachtet er als richtig, formuliert seine Meinung mit Klarheit. „Ein Kind soll Kind sein. Ein Kind muss nicht ständig etwas entscheiden und sich Gedanken machen. – Ich muss mir das Anziehen, sonst werde ich krank. – Das ist nicht die Aufgabe eines Kindes, das ist die Aufgabe des Erwachsenen. Ein Kind braucht keine Unterdrückung oder Gewalt, aber eine klare Führung und Struktur. Dafür ist man ein Elternteil.“ Eine konsequente Haltung.

Ehrlichkeit und Respekt im Umgang mit anderen sind Ansprüche, die er an sich stellt – von seinen Mitmenschen nach diesen Werten behandelt zu werden, ein großer Wunsch von ihm.

Pietro Bento steht aufrecht und mit großer Körperspannung. Dass italienisches Blut durch seine Adern fließt, zeigt sich in seinen dunklen Haaren und der ausgeprägten Gestik, wenn er spricht; wie intensiv die tägliche körperliche Arbeit ist, verraten seine muskulösen Arme.

„Das haben die meisten hier“, erklärt er lachend und erinnert sich an die Schulzeit. „Das Ministerium hat uns Zirkuskinder sogar vom Sportunterricht freigestellt; was für andere Kinder auf dem Lehrplan stand, war für uns lachhaft. Das war für uns Aufwärmprogramm.“ Für den Unterricht in allen anderen Fächern gab es eine eigene Zirkusschule. In einem Wohnwagen der reisenden Zirkusstadt lernten dort neun Kinder bei einem ehemaligen Schuldirektor nach bayerischem Lehrplan. Pietro Bentos Zeugnisse waren gut, die Atmosphäre diszipliniert. „Man hatte keine Zeit zum Quatschen oder Zettelchen schreiben. Der Rektor war immer dabei. Man hat gelernt. Null Freiheit, aber klare Strukturen. Das hat mich nie gestört, es war perfekt. Konzentriert.“ Um 13 Uhr, nach Schulschluss, konnte der Junge wieder losrennen, am liebsten direkt zu den Tieren in den Stall.

Die ersten neun Lebensjahre war der Zirkus sein Zuhause – der Ort, an dem er sich wohlgefühlt hat; trotz dreißig verschiedener Standorte pro Jahr.

1987 änderte sich das schlagartig. Das Ehepaar Bento trennte sich und Pietro zog mit seiner Mutter nach Wien. Weg aus Deutschland. Weg vom Vater. Weg vom Zirkus, in eine Mietwohnung. „Das war für mich das Schlimmste überhaupt. Dieses normale Leben. Ich wollte nie weg vom Zirkus.“ Der Alltag änderte sich radikal und schnell spürte er, wie sehr sein bisheriges Leben sich von dem anderer Kinder unterschied. „Ich hatte früh ein Bewusstsein, wie...wie...anders man ist. Am stärksten kam das in Wien heraus, weil ich bis dahin nur Zirkus gekannt habe.“ Am deutlichsten zeigten sich die Unterschiede in der Schule. Auf einmal saß er in einem Klassenraum mit nicht mehr nur acht, sondern dreißig Mitschülern. „Dass man da angepöbelt wurde wegen der Kleidung, die man trug, oder weil man sich am Unterricht beteiligt hat – so was kannte ich vorher nicht. Das war schwierig." Seine schulischen Leistungen verschlechterten sich und die neue Lebenssituation machte ihn zunehmend unglücklich. Zwei Jahre blieb er bei seiner Mutter in Wien, aber die Sehnsucht nach seinem Zirkus wurde stärker. „Ich bin dann wieder zurück. Diese zwei Jahre im normalen Leben – das war für mich eine Katastrophe." Als Zwölfjähriger entschied er sich für die Rückkehr in seine Heimat und blieb bis heute.

Der Tourneezeitraum beim Circus Krone umfasst traditionell die Monate April bis Oktober. Für die Wintervorstellungen gibt es seit 1919 ein festes Gebäude am Hauptsitz des Zirkus' in München, den Kronebau. Ab 1990 besuchte der Junge Pietro während dieser Zeit eine Münchner Schule. Und was er in Wien als Schulalltag kennengelernt hatte, verschärfte sich nun Jahr für Jahr. Bei der Erinnerung löst er die Pulloverärmel aus seinen Armbeugen und lässt sie bis zu den Handgelenken gleiten. „Richtig schwer wurde es dort bis zum Hauptschulabschluss, da wurde ich als Zigeuner oder Kanake beschimpft und ausgegrenzt." Die Wechsel zwischen der konzentrierten Lernatmosphäre im Zirkus und den Wintermonaten an der Schule in München waren radikal. „Alle am quatschen, der Lehrer desinteressiert vorne. Wie sollst Du lernen, wenn neunzig Prozent rumblödeln? Und wenn man gelernt hat: Streber – und hast noch eine abgekriegt.“ Er vermisste den Respekt, untereinander und in Bezug auf die Bildung. Im letzten Winter vor dem Abschluss hatte er sich etwas an den Ton dort gewöhnt, seine Verunsicherung ließ nach und er verschaffte sich auf seine Art Anerkennung bei den pubertären Mitschülern. „Ich war immer schon sehr drahtig, aber meine Kraft war weitaus höher als die der anderen. Im Alter von 14 habe ich ja schon Ställe auf- und abgebaut, Boxen getragen und Anker in den Boden geschlagen.“ Im Sportunterricht profitierte er davon. Beim Hochklettern am Tau schafften es die meisten nur bis zur Mitte oder mit unterstützender Beinarbeit. Als der Junge vom Zirkus an der Reihe war, stellte er sich ruhig vor dem Seil auf, griff es mit beiden Händen und zog sich mit waagerecht ausgestreckten Beinen in wenigen Sekunden hoch. Oben angekommen, berührte er die Decke der Turnhalle, seilte sich bis ans untere Ende ab und startete im selben Tempo einen zweiten Kletterdurchgang. Wieder unten angekommen, stellte er sich kommentarlos hin und ließ das Seil los. Um ihn herum herrschte Stille. So etwas hatte noch keiner der Schüler je zuvor gesehen.

An diesem Tag begann er sich gegen die verbalen Angriffe zu wehren, als Außenseiter fühlte er sich aber immer in der normalen Welt – wie er sie nennt. So war er froh, als seine Schulzeit nach zehn Jahren abgeschlossen war – und damit auch die Wintermonate in der „normalen“ Schule vorbei waren. Endlich konnte Pietro Bento sich vollständig den Arbeitsabläufen beim Zirkus widmen.

Schon in jungen Jahren war er vielseitig interessiert. „Ich habe nicht nur das Fachwissen über alle Tiere gelernt, sondern mit vierzehn angefangen, auf dem Gelände LKW, Stapler und Traktor zu fahren – inzwischen habe ich alle Führerscheine. Ich war bei der Betriebsfeuerwehr und habe gelernt, den Leiterwagen zu bedienen." Als Exotenstallmeister stand sein Vater in der Zirkushierarchie weit oben und führte den Sohn ab dessen Rückkehr aus Wien in die verschiedenen Arbeitsbereiche ein, inklusive Auf- und Abbau der Zelte. Schließlich musste die komplette Zirkusstadt alle paar Tage umziehen – eine logistische Herausforderung. Die größte Freude empfand Pietro immer, wenn er von den Tieren umgeben war.

1994. An seinem 16. Geburtstag bekam er einen Wohnwagen, die erste eigene „Bude" und wurde Mitarbeiter im Stall seines Vaters. „Wenn man der Sohn vom Chef ist, hat man nur Nachteile im Zirkus. Man muss mehr machen als alle anderen und vor allem muss man es richtig machen, weil man der Sohn ist. Andere kriegen eine Ermahnung, man selber eine Ohrfeige – er war sehr streng. Aber ich habe mich immer sehr geliebt gefühlt und bin durch ihn in der Arbeit weit gekommen."

Stück für Stück führte Stallmeister Bento ihn an den Umgang mit den Wildtieren heran, mit klaren Regeln. Die Worte seines verstorbenen Vaters sind ihm im Ohr geblieben. „Pietro, wenn du wirklich mit den Tieren arbeiten willst, dann aber auch richtig. Du kannst nicht kommen, wann du Lust hast. Du kriegst jetzt Aufgaben und die sind dann fest. Das heißt, wenn du heute um 10 Uhr kommst, kommst du morgen auch um 10 Uhr. Da gibt's kein: Nee, heute gehe ich lieber ins Schwimmbad. – Ich musste es nicht machen, aber wenn, dann war es eine feste Sache."

Wieder traf er seine Entscheidung überlegt und für den Zirkus. Der Schritt zum Erwachsenwerden. „Ich fühlte mich nicht mehr als Kind. Wenn man mit sechzehn mit Raubtieren arbeitet, darf man keine Fehler mehr machen. Man muss die Konsequenzen seiner Entscheidungen und seines Handelns wissen." Im Zirkus war er überwiegend von Erwachsenen umgeben, die Verantwortung trugen. „Dementsprechend war mein Umfeld nicht davon geprägt, jugendlichen Unsinn zu treiben. Das konnte man sich nicht leisten." Denn auch die Kinder erlebten früh, wie viel Engagement notwendig ist, um jeden Tag für 4000 Zuschauer einen reibungslosen Vorstellungsablauf in der Manege zu gewährleisten.

Und dort steht er jetzt. Unter der 14 Meter hohen Kuppel des Zirkuszelts. Starke Scheinwerfer beleuchten den sandigen Boden, in der Luft liegt der Duft von trockenen Sägespänen, dem warmen Fell der Pferde und von Zuckerwatte. In zwei Stunden beginnt hier die Vorstellung, doch noch herrscht absolute Stille in der Manege. Ein kleiner Windstoß durch die geöffnete Zeltwand bringt die Trapezschaukel unter der Decke in leichte Schwingung. Später wird ein Netz die Akrobaten bei ihren waghalsigen Sprüngen schützen und ein Gitter die Distanz zu den Raubtieren herstellen. Durch die Ruhe und das ausgesperrte Tageslicht herrscht eine besondere, fast sakrale Atmosphäre. Noch funkelt, glitzert und brüllt hier nichts, noch bleiben die Stimmen ruhig und die Bewegungen langsam und doch sind sie zu spüren, die Geschichtsträchtigkeit und die Außergewöhnlichkeit dieses Ortes. Für Pietro Bento war die Manege der Spielplatz seiner Kindheit, heute ist sie sein Arbeitsplatz. Als Einlasschef ist er allabendlich an seinem schwarzen Frack erkennbar. Er trägt die Verantwortung dafür, „dass alle Schafe auf ihren Platz kommen." Mit ausgestrecktem Arm zeigt er von der schmalen Einlasstür des Zeltes zu den zahlreichen Stuhlreihen und Logen. Mit den Schafen meint er ausnahmsweise keine Gruppe seiner Tiere, sondern die Horden von Zuschauern, die von seinen Mitarbeitern zu ihren Sitzen geführt werden. „Wenn Probleme entstehen, bin ich der Ansprechpartner, der die Entscheidungen trifft." Für ihn liegt ein großer Unterschied in seinen beiden Tätigkeitsbereichen als Chef. „Die Atmosphäre in der Manege ist komplett anders als bei den Tieren. Hier halte ich den Überblick und gucke, ob alles in Ordnung ist. In der Außenwirkung ist man hier etwas Besonderes. Da kommen die Leute, um dich zu sehen. Im Stall nehme ich genauso die Mistgabel in die Hand wie alle meine Mitarbeiter. Aber kein Zuschauer will sehen, wie ich die Scheiße vom Zebra wegmache."

Als Artist ist er mit seinem Wildschwein Fritzi in der Manege Publikumsliebling und wird bejubelt. Er genießt die Auftritte und auch den Applaus, aber als weitaus größere Leistung empfindet er, was hinter den Kulissen passiert. „Wenn ich hier acht Stunden den Stall von 800 Quadratmetern, wo Tiere und Menschen sicher sein sollen, aufbaue, das ist harte Arbeit. Und auch, wenn ich für die Bauabnahme vom TÜV mein Fachwissen über Aerodynamik für die Windsicherheit einsetzen muss." Das Spektrum des Zirkuslebens ist breit: „Immer wieder regnet es beim Abbau und wir stehen auf einem einzigen Matschplatz, alles ist dreckig. Man fährt nachts in die nächste Stadt – wieder Regen, wieder Matsch. Man hat sechzehn Stunden im Dreck gearbeitet und ist hundemüde. Aber dann muss man erstmal Wasser und Strom legen. Manchmal kann man nicht mal gleich duschen, weil noch nicht genug Druck da ist – also: Katzenwäsche." Vorgänge hinter den Kulissen, die dem Publikum nicht bewusst sind, nicht bewusst sein sollen. Das Team vom Zirkus Krone will den Zuschauern mit ihrer Show ein besonderes Erlebnis bescheren. „Die Leute lieben es, diese drei Stunden etwas Wunderbares zu erleben, nicht nachdenken zu müssen, keine Sorgen zu haben und sich zu freuen."

Wenn der Einlass beendet ist und die Vorstellung beginnt, verlässt Pietro Bento seine Rolle als Einlasschef sofort und tauscht den Frack gegen seine Stallkleidung. Nun steht er backstage und führt seine Tiere für die Auftritte zur Manege und wieder in ihr Gehege zurück. Die Abläufe sind routiniert, aber erfordern stets höchste Konzentration. Besonders intensiv erlebt er es, wenn das Gedrängel vor der Kasse groß ist, eine Vorstellung ausverkauft ist. „Manchmal bebt das Zelt beim Applaus, das sind Gänsehautmomente."

In der täglichen Arbeit mit seinen Tieren erlebt er oft Momente, in denen er von ihrem Wesen und Anblick emotional bewegt wird. Sofort gerät er ins Schwärmen und erklärt mit einem weichen Klang in der Stimme, was ihn besonders berührt. „Wenn der Hund und das Wildschwein aneinandergekuschelt liegen – Rücken an Rücken – Hund und Wildschwein! Und wenn die Sonne abends hinter dem Draußengehege untergeht und die Zebras fangen an miteinander zu spielen – das hat Romantik.“ Seine braunen Augen leuchten bei dem Gedanken. Wieder krempelt er den Ärmel seines Pullovers Richtung Ellenbogen und blickt auf die aufgestellten Härchen an seinem Unterarm. „Das sind Gefühle, die kann man nicht verstehen, wenn man es nicht selbst erlebt hat.“

Wie schon als Kind zieht es ihn zu den Stallungen, auf dem Weg dorthin macht er eine „Stadtführung“. Die Fläche, auf der Circus Krone aufgebaut wird, variiert in ihrer Größe von Standort zu Standort – in Flensburg ist es stets der ehemalige Exerzierplatz am Friesischen Berg. Vor der Manege liegt das Eingangsportal, das Vorzelt mit Cafeteria, Hot Dog-, Popcorn- und Zuckerwattestand. Eine vierköpfige Familie steht am bunt beleuchteten Kassenwagen und kauft Karten für die Abendvorstellung. Pietro Bento lächelt die beiden Kinder an und wünscht ihnen viel Spaß, während er das Gatter zu den „Privatwegen“ öffnet. Links und rechts stehen Wohnwagen, weiße und rote nebeneinander, wie die Miniaturausgabe einer Wohnsiedlung. Die „Grundstücke“ haben einen bestimmten Abstand zum jeweiligen Nachbarn und neben den Eingangstüren stehen vereinzelt Camping-Gartenmöbel. Der Asphalt ist auffallend sauber, Ordnung und Sauberkeit benennt Pietro Bento als Grundregeln bei

Krone. Aus einem vorbeifahrenden Golfcart winkt eine Dame im weißen Mantel herüber, Frau Sembach-Krone, die den Zirkus seit 1995 leitet und für ihre Pferde-Freiheitsdressur bekannt wurde. Sie steht an der Spitze des Familienunternehmens, darunter die Juniorchefin, der Betriebsrat und an vierthöchster Stelle Stallmeister und Einlasschef Pietro Bento. Seit 2002 leitet er seine Abteilungen, als jüngstes Nicht-Familienmitglied bei Krone. „Als Außenstehender so eine Position zu bekommen, muss man sich hart erarbeiten." Mit zügigen Schritten steuert er die Stallungen an, erklärt, wer in welchem Wagen lebt – der Clown, der Dompteur, die Hochseilartistin. Die Anerkennung seiner Arbeit empfindet er zirkusintern als sehr groß. Oft wird er um Rat gefragt und auch seitens der Führung sind seine Meinung und das umfassende biologische und veterinäre Wissen hoch geschätzt.

„Wir sind da." Pietro Bento verlangsamt seine Schritte und bleibt dann stehen. Neben den Wohnstraßen für die Menschen beginnen die Wohnstraßen für die Tiere. Im Krone-Zoo können Besucher in einem Rundgang sämtliche Vierbeiner in ihren Freigehegen und Ställen betrachten. Zur Zirkusfamilie von Krone gehören außer den 250 Menschen auch Löwen, Elefanten, ein Flusspferd, Affen, Ziegen, ein Wildschwein, Hängebauchschweine, Esel, Pferde, Kamele, Zebras, Seelöwen und ein Nashorn. Beim Betreten der Stallungen und dem Anblick seiner Tiere ist er sichtlich gelöst, sein Blick bleibt wach. Sofort kommen drei Zebras auf ihn zugetrabt, ein viertes bleibt auf Distanz. Er begrüßt sie mit Namen – wie alle anderen Tiere, an denen er später vorbeigeht, auch – und streichelt ihnen über das glänzende Fell. Die schwarz-weiß gestreiften Wildpferde vertrauen ihm und er vertraut ihnen, die Basis für seinen Umgang mit Tieren. Während er sie abwechselnd hinter den Ohren krault, erinnert Pietro Bento sich an die ersten Annäherungsversuche. „Die ersten sechs Monate habe ich – mit Karotten neben mir – bei denen im Gehege auf einer Militärliege geschlafen. Nach ein paar Wochen sind sie dann näher gekommen und ich habe sie mit der Hand gefüttert, bis ich einem nach dem anderen das Halfter anziehen konnte, einem nach dem anderen die Longe dran, ganz langsam. Man kann ein Zebra zu gar nichts zwingen. Die zeigen einem immer was sie mögen und was nicht. Das respektiere ich."

Und er schätzt es. Die Ehrlichkeit von Tieren nennt er als den gewichtigsten Grund für seine Freude an der Arbeit mit ihnen – und als den größten Unterschied zu vielen Menschen. „Kein Tier würde dir vorne die Hand geben und hinterrücks ein Messer in den Rücken rammen. Bestes Beispiel sind die vier Zebras: Jedes hat seinen eigenen Charakter, wir haben die kleine Heulsuse, den Außenseiter, den Gleichgültigen und den Macho, der unter den Vieren der Chef ist. Auch der respektiert mich als Leittier, aber nichtsdestotrotz kann ich ihn nicht so kraulen wie die anderen. Er zeigt mir offen, dass er es nicht mag und dann mache ich es auch nicht. Er zeigt mir ehrlich seine Grenze und die wahre ich."

Das Wesen der Tiere hat ihm von klein auf imponiert und ihn nachhaltig geprägt. „Ich finde diese Offenheit so toll; die machen einem nichts vor, zeigen ihr Befinden und auch, wenn sie jemanden nicht leiden können. Ich versuche das privat auch. Ich verbringe so viel Zeit mit den Tieren und schätze deren Art so sehr, dass ich genauso ehrlich sein will.“ Er wählt seine Worte reflektiert und formuliert die Gedanken konkret und ohne Umschweife – seine Augen halten den Blickkontakt, wenn er spricht. „Ich muss niemandem etwas vorgaukeln.“ In der täglichen Arbeit wird er – durch die Sensibilität der Tiere – immer wieder daran erinnert, sich diese Eigenschaft zu erhalten. „Es hat keinen Sinn sich zu verstellen, die merken das. Mit dem Wildschwein Fritzi kann ich zum Beispiel nicht arbeiten, wenn ich innerlich aufgewühlt bin. Weil ich mich aus seiner Sicht dann anders verhalte. Er spürt meine Anspannung und kann sie nicht einschätzen. Faszinierend, oder? Wenn man jahrelang mit Tieren arbeitet, weiß man das irgendwann.“

Keiner im Circus Krone kennt die Tiere so gut wie Pietro Bento und keinem vertrauen sie so sehr wie ihm. Viele hat er mit der Hand großgezogen – für ihn ist der Umgang mit ihnen mehr als Arbeit. „Wir fangen morgens um sieben Uhr an, die Tiere zu füttern und zu bewegen. Montag bis Sonntag. Das erste was ich nach dem Aufwachen mache: gucken ob es ihnen gut geht und kontrollieren, ob meine Leute alles richtig machen.“ Erst dann frühstückt er. Während der Vorbereitungen für die Vorstellung ist er immer an ihrer Seite. „Die Tiere arbeiten jeweils fünf Minuten in der Manege, ich bringe sie hin und wieder zurück, Gehege richten – ist alles in Ordnung? Man richtet sein ganzes Leben, seine ganze Freizeit, seine ganze Art auf die Tiere aus. Ich lebe für sie.“

Er schweigt.
Die Führung durch die Zirkusstadt endet an Pietro Bentos weißem Wohnmobil, das nur wenige Meter von den Stallungen entfernt steht. Im Vorgarten das Freigehege seines Wildschweins Fritzi, drinnen ein Schlafzimmer, Wohnzimmer, separate Küchenzeile und ein Badezimmer – fünfzehn Quadratmeter, die sein Zuhause sind. Hier lebt er ganzjährig mit seiner Frau Anett in dreißig verschiedenen Städten, den Winter über in München, wo sie Ende 2015 eine gemeinsame Tochter zur Welt gebracht hat. Die gelernte Bürokauffrau arbeitet seit 2011 in der Tourneeplanung beim Circus Krone. Sie kommt aus der – wie beide es nennen – normalen Welt, aus Liebe zu Pietro ist sie dorthin nicht wieder zurückgekehrt.

Zufälligerweise wurde Flensburg ihr Schicksalsort. Im Sommer 2012 entdeckten sie dort eine gemeinsame Leidenschaft für Zitroneneis und aus anfänglicher Freundschaft wurde eine intensive Liebesbeziehung. Im Abstand von einigen Jahren steht die Fördestadt auf dem Tourneeplan von Krone, für Pietro Anlass, über seine Wurzeln nachzudenken. „An meinem achtzehnten Geburtstag haben wir witzigerweise auch dort gastiert." In einem Studio am Nordermarkt ließ er sich deshalb 1996 sein erstes Tattoo stechen: einen Tiger. „Den Tag habe ich als besonders wahrgenommen – hier bin ich geboren, hier will ich das machen." Stolz zeigt er das Raubtier auf seinem linken Oberarm, bevor er seinen Schlüsselbund aus der Jeanstasche holt.

Im Wohnmobil angekommen formuliert er dann, was ihn zunehmend rat- und manchmal sprachlos macht. „Ich bin ein Außenseiter. Jetzt sogar noch viel schlimmer als in der Kindheit. Dass ich vom Zirkus bin, traue ich mich oft nicht zu sagen, denn es gibt nur zwei Sachen: Entweder wir sind Zigeuner oder Tierquäler. So wird man angesehen."

Er steht aufrecht in seinem Wohnwagen, neben einer Glasvitrine, in der Fotos und Erinnerungsstücke aufgestellt sind. Auf dem Sofa liegen Kissen in Zebra-Optik und auch beim Blick durch den offenen Türspalt ins Schlafzimmer sind auf der Bettwäsche schwarz-weiße Streifen zu erkennen. An der Wand hängt ein Tierkalender und kleine vierbeinige Spielzeugfiguren stehen neben dem Flachbildfernseher und einem Computerbildschirm. Die weit geöffneten Augen des gebürtigen Flensburgers zeigen eine Verletzbarkeit; die körperliche Anspannung lässt die Anstrengung eines fortwährenden Kampfes erkennen, den er in seinem Leben führt. „Ich habe nicht das Gefühl, dass man mir eine Chance gibt, weil ich das bin, was ich bin. Manchmal habe ich Angst – keine körperliche Angst, ich kann mich ja wehren. Aber die Angst, wie man angeschaut wird, dieses Herablassende."

Das lateinische Wort „circus" bedeutet Kreis und war im antiken Rom der Name für eine Arena, die Austragungsort von Wagenrennen und Gladiatorenkämpfen mit Tieren war, die zu Zeiten Cäsars und Ciceros zur Unterhaltung der Bevölkerung veranstaltet wurden. Die Tradition des klassischen europäischen Zirkus' von heute hat ihre Anfänge im 18. Jahrhundert. Im Deutschland des ausgehenden 19. Jahrhunderts ging eine maßgebliche Prägung der Zirkuskunst von Circus Renz und Circus Busch aus. Auch die Wurzeln des Circus Krone liegen in dieser Zeit: Karl Krone senior gründete 1870 eine Wandermenagerie, die später unter der Leitung seines Sohns Carl zu dem Familienunternehmen Circus Krone wurde. Von Anfang an ging für das Publikum eine große Faszination von den Dressurnummern mit Wildtieren aus. Wo sonst konnte man den Exoten so nah sein und die außergewöhnliche Interaktion zwischen Mensch und Tier erleben?

„TIERQUÄLER RAUS!" Als die ersten Sonnenstrahlen die Dunkelheit der Nacht vertreiben, prangen diese beiden Wörter in großen roten Buchstaben als Graffiti quer auf dem größten Zirkuszelt Europas. Es ist nicht das erste Mal, dass Pietro Bento mit diesem Anblick in den Tag startet und es wird auch nicht das letzte Mal sein. Immer wieder werden auch die mit Kabelbindern an Straßenlaternen und Brückengeländern befestigten Circus Krone-Werbebanner besprüht oder beklebt: „Zirkus wegen Tierquälerei geschlossen!" Mit dem Begriff Tierquäler ist er auch persönlich gemeint – auf dem Graffiti am Zelt, über den Plakaten, in der Zeitung, den Nachrichten und im Internet. Seit einigen Jahren steht dieses Wort stellvertretend für den größten Konflikt in seinem Leben, für die größte Diskrepanz zwischen seiner Selbstwahrnehmung und dem, wie ihn bestimmte Gruppen von Tierschützern beurteilen. Die Zirkustradition der Tierhaltung und -dressur ist in Deutschland gesetzlich erlaubt. Das moralische Empfinden dazu ist eine persönliche Meinung. Ethische

Fragen unterliegen dem Wandel der Zeit, sind variabel in jeder Epoche, jeder Gesellschaft – eine Frage von Zeitgeist und subjektiven Maßstäben. Gesetze geben Rahmenbedingungen für das, was innerhalb eines Staates erlaubt und verboten ist. In Deutschland basieren sie auf den christlichen Grundwerten, die Moral bleibt subjektiv und individuell. Fragen der Gleichberechtigung – zwischen Menschen unterschiedlicher Herkunft, Religionen, Geschlechtern, sexuellen Ausrichtungen – stehen seit Einführung des Grundgesetzes kontinuierlich im Fokus der öffentlichen Diskussion und haben in einer rasanten Entwicklung Regelungen zu Gunsten der Freiheit des menschlichen Individuums evoziert. Parallel dazu wurden auch Gesetze zum Schutz von Tieren erlassen und die „Leitlinien für die Haltung, Ausbildung und Nutzung von Tieren in Zirkusbetrieben" formuliert.

Noch immer steht Pietro Bento in seinem Wohnzimmer. Er hat in diesem Moment nicht die innere Ruhe sich zu setzen, das Wort Tierquäler und die damit verbundenen Gedanken und Gefühle wühlen ihn sichtlich auf. Die Kritik, der er sich ausgesetzt sieht, hat sich in den letzten zehn Jahren stetig verschärft und ist mittlerweile ausschlaggebend für das Leben, das er innerhalb des Zirkus' führt. Sie trifft ihn an seinem wundesten Punkt: der Liebe zu seinen Tieren. „Ich kann hinter allem stehen, was ich hier mache. Ich kann hinter jeder einzelnen Aktion, die ich mit meinen Tieren mache – und wie ich mit ihnen umgehe – stehen."

Bis zu dreißig Mal im Jahr führt der Exotenstallmeister Kontrolleure durch die Stallungen; an jedem neuen

Standort überprüfen ortsansässige Veterinäre, ob alle Anforderungen zur Haltung der Tiere eingehalten werden. „Außerdem ist unser Zoo jeden Tag von 10 bis 20 Uhr geöffnet. Jeden Tag können sich unangemeldet Tierschützer, Kontrolleure – jeder – ein Bild davon machen, wie es den Tieren geht und wie sie bei uns leben. In welchem Tierbetrieb gibt es solche Transparenz?"

Die Auseinandersetzung mit Fragen artgerechter Tierhaltung ist für ihn berufsimmanent, der Austausch mit anderen Kollegen und Veterinärmedizinern über die bestmögliche Betreuung obligatorisch. Absolut unverständlich bleibt ihm die Militanz mancher Kritiker. „Es geht mir nicht darum, dass man die Frage stellt, ob es heutzutage noch richtig ist, Tiere zu halten, sondern um diese permanente Lügerei, dass wir die Tiere schlagen, dass wir uns nicht um die Tiere kümmern. Ich würde mir so wünschen, dass die sich mal auf eine persönliche Diskussion einlassen und eine Woche hier miterleben, wie wir mit den Tieren umgehen und wie eng die Bindung ist."

Mit „die" meint Pietro Bento Mitglieder bestimmter Tierrechtsorganisationen, Demonstranten, die versuchen Zuschauer vom Besuch einer Zirkusveranstaltung abzuhalten, Männer und Frauen, die nachts maskiert Plakate überkleben, Backsteine auf die Zirkusleute werfen und dabei Gesetze brechen. Diesen – wie er sie nennt – Hetzkampagnen ausgesetzt zu sein, quält ihn seit Jahren. „Es ist ja jeden Tag. Sobald ich das Internet starte. Auf der Circus Krone-Seite, auf meiner Seite, auf der Wildschwein Fritzi-Seite."

Er schluckt. Seine Augen blicken durch den Wagen, stumm zeigt er auf die Stelle, gegen die ein Backstein geworfen wurde. Seine einst heile Zirkuswelt empfindet er längst als beschädigt. „Wann immer irgendwo das Stichwort Zirkus fällt, habe ich das Gefühl: Jetzt muss ich mich gleich wieder rechtfertigen." Kritik an der Tierhaltung im Zirkus erlebten die Zirkusleute auch in den Neunzigerjahren, als der Junge Pietro mit der Wildtierarbeit begann, aber das gegenwärtige Ausmaß und die Gewalttätigkeit bringen ihn an persönliche Belastungsgrenzen. „Ich lebe für diese Tiere. Sie sind der einzige Grund, warum ich noch hier bin. Manchmal macht es mich seelisch so kaputt, dass ich keinen Spaß mehr habe. Nicht wegen der vielen Arbeit, nicht wegen der Reiserei, sondern weil ich mich verfolgt und zu Unrecht fertig gemacht fühle. Das geht an die Substanz. Mit der Stundenzahl, die ich arbeite, mit dem, was ich gelernt habe, würde ich in der freien Wirtschaft fünfmal so viel Geld verdienen. Aber ich mache das aus Liebe, Tag und Nacht. Aber wenn man dann angeschrien wird und unterstellt, dass die Tiere nur Objekte sind, womit wir unser Geld verdienen – das ist furchtbar."

Konstruktiver Kritik stellt er sich, sucht den Dialog, die direkte und ehrliche Auseinandersetzung. Er beantwortet Fragen, öffnet sich und auch die Tore hinter den Kulissen des Zirkusbetriebs.

„Gegen millionenschwere, von Spendengeldern finanzierte Kampagnen – eine große Verbraucherorganisation hat das 2013 analysiert – muss man in die Offensive gehen, man muss sich wehren." Er kämpft einen harten Kampf. Um physisch und psychisch bei Kräften zu bleiben, macht er Sport, trainiert im Fitnessstudio – 45 Minuten, die er für sich hat. Per Fernstudium hat er die Ausbildung zum Trainer absolviert. Wenn er zusätzlich freie Zeit findet, spielt er online Computerspiele. Für ihn steht dabei nicht das Spielen im Vordergrund, sondern der Kontakt zu anderen.

Jetzt löst sich seine Anspannung und er startet die Kaffeemaschine in der kleinen Küchenzeile neben dem Wohnzimmer. „Die kommen alle aus der normalen Welt, die kennen mich und keiner von denen hat irgendwelche Vorurteile. Da drehen sich die Gespräche nicht um Zirkus, nicht um Tierschützer, nicht um die Probleme, die wir haben, sondern es ist einfach wie zusammensitzen am Spieltisch." Virtuell nimmt er teil an der normalen Welt. „Da kann ich abschalten, wenn man gemeinsam lacht und Späße macht. Das ist ein Gefühl von Normalität."

Mit seiner Frau teilt er dieses Hobby, gemeinsam kochen sie in ihrem Wagen, lesen, diskutieren. Seine erste Tochter aus einer früheren Beziehung lebt bei der Mutter in München. In den Wintermonaten verbringen sie regelmäßig Zeit miteinander, meistens außerhalb des Zirkuszauns. Die Töchter werden einen anderen Weg gehen als ihr Vater, da ist er sich sicher. Wie seine eigene Zukunft aussieht, weiß er nicht. Er wünscht sich, dass er sie weiterhin beim Circus Krone erlebt.

KRONE
Harrislee
Glücksburg
Flensburger Förde
Flensburg
Gelting

Bei den Tieren. Mit den Tieren. Und wegen der Tiere.
Heimat.
„Zu Hause ist da, wo der Zirkus steht. – Vielleicht wird sich das eines Tages wieder ganz und gar richtig anfühlen."

Joerg Stefan Brodersen

Joerg Stefan Brodersen
*05.09.1980

„Leinen los!“ Ein kühler Tag im März 1840. Kaufmannskapitän Asmus Brodersen verlässt unter dänischer Flagge auf seinem Frachtsegler Urania die Flensburger Förde. Mit seiner vierzehnköpfigen Besatzung nimmt er Kurs auf die koloniale Karibikinsel St. Croix. An Bord: Ziegelsteine aus Flensburg, die er im Handel mit den dortigen Plantagenbesitzern gegen Zuckerrohr, Rum und Gewürze tauschen wird.

Über Skagen segelt Kapitän Brodersen in die Nordsee, durch den Ärmelkanal und die Biskaya, bis nach Madeira und steuert von dort – unter Ausnutzung der Passatwinde – über den Atlantik Dänisch-Westindien an. Im Juni tönt das Kommando vom Steuerrad: „Klar zum Anlegen!“, als die Urania in ihren karibischen Zielhafen einläuft. Ziegelsteine werden von Bord gehievt und der Segelfrachter mit Zuckerrohr, Rum und Gewürzen aus St. Croix neu beladen. Nur wenige Wochen verbringt der Flensburger in der dänischen Kolonie, um rechtzeitig vor den tropischen Herbststürmen die Rückreise anzutreten. Mit gehisstem Dannebrog und gesetzten Segeln lenkt er die Urania entlang der nordamerikanischen Küste über den Atlantik zurück nach Europa. Im Dezember 1840 erreicht Kapitän Brodersen seinen Heimathafen Flensborg Havn.

Die mitgebrachten Rohstoffe verkauft er an die Flensburger Schnapsbrenner. Der Zuckersaft aus dem Rohr wird raffiniert, der karibische „Pure Rum“ verfeinert, dann in einem der zahlreichen Rumhäuser abgefüllt und als „Flensburger Rum“ gehandelt.

„So hat Asmus Brodersen ein kleines Stück der Tradition dieser Stadt mitgeprägt.“

Joerg Stefan Brodersen kennt viele Geschichten aus der Seefahrervergangenheit seiner Vorfahren. Die Urania wurde über 33 Jahre von Kapitänen der Familie Brodersen geführt – bis der Segelfrachter 1866 im Hafen von Puerto Plata von einem Hurrikan zerstört wurde. „Das war’s dann mit dem Handelsschiff.“ Seefahrer und Abenteurer.

Auch Urururenkel Joerg ist Kaufmann geworden. Auch ihn hat es beruflich in die Ferne gezogen. Auch er hat den Atlantik überquert. Und bei einem seiner „Manöver“ hat auch Zucker eine Rolle gespielt.

Joerg Stefan Brodersen. Diplom-Kaufmann. Steuerberater. Partner bei Ernst & Young (EY) in New York City. September 1980. Joerg Brodersen kam im Flensburger St. Franziskus-Hospital zu Welt. Die Familie Brodersen lebt seit vielen Generationen in der Region Flensburg und so war sein Vater Hans-Jürgen Brodersen bald nach dem Medizinstudium in die schleswig-holsteinische Heimat zurückgekehrt. Dort arbeitete er – genau wie seine Frau Brigitte – als Strahlentherapeut im Krankenhaus.

Die ersten Lebensjahre wohnte Joerg mit seinen Eltern und seinem zwei Jahre jüngeren Bruder Kay Henning in Solitüde. Mit den Kindern aus der Nachbarschaft spielte er im Wald, am Strand sowie auf dem Solitüder Spiel- und Minigolfplatz. 1987 zog die Familie in ein Einfamilienhaus in der Osterkoppel und Joerg kam in die erste Klasse der Friedheimschule. „Da beginnen dann die richtig intensiven Kindheitserinnerungen."

Manhattan. West 45th Street. Im vierundzwanzigsten Stock eines Apartment-Wolkenkratzers. Wenn es Nacht wird, erstrahlt die Stadt im Lichtermeer. „Da vorne kann ich mein Büro sehen."

Joerg Brodersen hat Feierabend. Den Anzug hat er gegen Jeans und Poloshirt getauscht, mit ausgestreckten Beinen sitzt er auf seinem schwarzen Ledersofa und blickt über die Häuserschluchten Midtowns. Die 1,2 Kilometer zwischen dem Hochhaus, in dem er wohnt und dem Hochhaus, in dem er arbeitet, geht er jeden Tag zu Fuß – die Laptoptasche geschultert. Dass er sein Büro unter all den Hochhäusern erkennen kann, erklärt sich, als er die Adresse nennt. Er arbeitet am hellsten Ort der Stadt, an einem der hellsten Orte der Welt: 5 Times Square, New York.

Er zeigt auf einen gelben Fleck am Horizont – unverkennbar das Flimmern und Strahlen der Leuchtreklamen. Jetzt strahlt auch er. „Für mich ist New York die Stadt aller Städte. Und der Times Square ist das Zentrum in dieser Weltstadt. Dass ich da jetzt arbeiten darf, das ist für mich eine totale Befriedigung. Einfach nur da zu sein. Und mich jeden Abend durch diese Touristenschlangen zu kämpfen.

Das nervt alle Leute, die da arbeiten. Mich nervt es überhaupt nicht. Ich find's toll. Ich find's nach wie vor toll!"

Im Juli 2014 wurde er Partner bei EY und arbeitet seit dem darauffolgenden September als deutscher Steuerberater in Manhattan. Am Ende der ersten Arbeitswoche feierte er in New York seinen 34. Geburtstag, als jüngster deutscher Partner überhaupt bei Ernst & Young.

Auf welcher Route hat er den Weg über den Atlantik zurückgelegt? Mit welcher Besatzung? Wo hat er den Anker geworfen?

„Ich bin immer gern zur Schule gegangen – sowohl an der Friedheim-Schule, als auch am Fördegymnasium. Weil ich so froh war, da meine Freunde und Klassenkameraden zu treffen. Ich habe mich immer in großen Gruppen wohlgefühlt." Am meisten genoss er die Zeit vor der ersten Stunde, die Pausen und die Zeit nach der letzten Stunde. „Der Unterricht dazwischen war auch okay." Der Junge bekam viel Anerkennung. Einerseits schulisch – durch gute Noten, andererseits aber auch menschlich, was ihm noch mehr bedeutete. Seine Mitschüler wählten ihn zum Klassensprecher, zum Jahrgangssprecher und in der Oberstufe zum Schulsprecher. „Ich bin in meinem Leben selten Leuten begegnet, die mich überhaupt nicht mochten. Und ich hab auch selten selber Leute gar nicht gemocht. Ich kam eigentlich immer mit allen gut aus, war immer beliebt. Das ist bis heute so."

Neben dem Sofa steht eine schwarze E-Gitarre senkrecht in einem Ständer. Sie begleitet Joerg Brodersen schon seit knapp zwanzig Jahren – von der Flensburger Förde bis an den Hudson River. „Meine zweite Freundin. Wenn ich sehr stressige Tage habe, dann spiele ich und denke an nichts anderes mehr. Danach bin ich wieder völlig entspannt."

Er lächelt und beugt den Oberkörper über die Lehne, um sie zu sehen. Seine Neugier war von klein auf groß, sein Interesse an Menschen, Musik und Sport.

Seine Eltern unterstützten ihren Sohn dabei, alles auszuprobieren, wofür er sich – mit wechselnder Begeisterung – interessierte. Er lernte klassische Gitarre, stieg um auf E-Gitarre, lernte Saxophon und dann Schlagzeug, spielte dann wieder E-Gitarre. Noch häufiger als die Instrumente wechselte er die Sportvereine: Fußball, Handball, Tennis, Schwimmen, Golf, Windsurfen, Segeln, Eishockey, Rugby. Jetzt sitzt er wieder aufrecht auf dem Sofa, winkt ab. „Das kriege ich gar nicht mehr zusammen, was ich alles mal angefangen, kurz gemacht und wieder aufgehört habe. Reiten war mal zwischendurch. Ach, tausend Sachen." Er wollte vieles kennenlernen und bewegte sich dabei in sehr unterschiedlichen Milieus. Um nicht lange der „Neue" zu bleiben, ging er mit großer Offenheit auf seine Mitspieler zu und integrierte sich. Er wollte schnell dazugehören und beliebt sein. „Da lernt man vielleicht Toleranz. Wenn ich in einen neuen Verein gehe und da alle erstmal nicht mag, mögen die mich auch nicht. Aber ich habe mich wohl gefühlt, von ganz unterschiedlichen Leuten umgeben zu sein." Sie mochten ihn und wählten ihn zum Kapitän der Mannschaft. Mit bolzenden Fußballern fühlte er sich ebenso wohl und richtig wie bei Schläger schwingenden Golfern.

Ruhige See. An Stürmen navigiert er bewusst vorbei. „Ich habe immer auch Anerkennung gesucht. Es war und ist mir wichtig, was andere über mich denken. Dafür muss man eine gewisse Anpassungsfähigkeit mitbringen." Andere zu enttäuschen belastet ihn. Er sagt ungern nein. „Ich fühle mich wohler, wenn Situationen entspannt und positiv sind – so einfach ist das." Wenn es ihm zielführend erscheint, gibt er nach, um einen Konflikt zu vermeiden. Seine Überzeugungen oder Bedürfnisse verrät er dabei nicht – es steckt eine grundsätzliche Haltung dahinter.

Er spricht vom Ziel. Ein Schlüsselwort auf seinem Weg, notwendig, um seine Persönlichkeit zu begreifen. „Für mich ist nur das Ziel relevant und nicht unbedingt immer, wie man dahin kommt."

Auf der Granitarbeitsfläche der offenen Wohnküche stehen die Verpackungen vom Sushi-Take-out. Ein kleiner Rest Wasabi klebt auf dem Boden der Plastikbox, einzelne Scheiben von eingelegtem Ingwer, wo vormals noch Maki und Nigiri lagen. Joerg Brodersen erhebt sich vom Sofa, geht in den Küchenbereich auf der anderen Seite des Wohnraums. Auch von hier hat er den Blick auf sein Bürogebäude. Er stapelt die leeren Sushiboxen, stopft sie in den Mülleimer, stützt die Ellbogen auf die Kochinsel und erklärt, was ihm die Begriffe Mikro- und Makroziele bedeuten.

„Wenn ich mich mit Freunden zum Essen verabrede und die haben Lust auf Sushi, sage ich: Passt. Aber auch zu Pizza, Burger oder Kartoffelsalat würde ich passt sagen.

Hauptsache wir gehen miteinander schön essen, was genau, ist mir egal."

Sein Makroziel ist in dem Fall: mit seinen Freunden in ein Restaurant zu gehen, mit ihnen zu reden, Zeit zu verbringen. Die kulinarische Ausrichtung ist ihm nebensächlich. Mikroziel.

Sein Kopf dreht sich nach rechts Richtung Zimmerwand, wo über der Kommode ein altes Gemälde der Urania unter Segeln hängt. Er assoziiert ein weiteres Beispiel: „Wenn ich mit meinen Jungs eine Segeltour plane, lassen die sich tagelang darüber aus, ob lieber vor der türkischen oder kroatischen Küste. Mir ist das ziemlich egal, die Entscheidung überlasse ich komplett denen. Das heißt aber nicht, dass ich meine Präferenz hinten anstelle. Meine Präferenz liegt eben nicht in dem Wo, sondern dass wir gemeinsam segeln."

Sich mit Nebensächlichkeiten aufzuhalten empfindet er als Zeit- und Energieverschwendung – privat wie beruflich. Die Wahl der Schriftart für eine Präsentation? Klein oder groß? Mittlerweile kennt sein Team die Antwort: „Spielt keine Rolle, Hauptsache einheitlich und wir kriegen das Ding mit inhaltlich gutem Ergebnis rechtzeitig fertig!"

Zielstrebigkeit und Entscheidungsfähigkeit. Konzentration als die Fähigkeit, seinen Fokus dahin zu richten, wo er ihn haben will. Joerg Brodersen kehrt zum Sofa zurück und streckt die Beine wieder aus.

In der Gruppe zu einer Entscheidung zu kommen ist ihm wichtig. Dass ein Ziel definiert ist. Er schmunzelt und zuckt mit den Achseln. „Nicht immer so lange schwanken, ich will weiterkommen. Das ist Teil meiner Persönlichkeit. In der Mittagspause habe ich mal einfach für alle das gleiche Tagesgericht bestellt. Die Hälfte der Pause war schon vorüber, der Kellner zum dritten Mal am Tisch und meine Kollegen knobelten immer noch über der Speisekarte." Sie lachten ihn aus, dann sich selber und genossen den Rest der Pause – und ihr Mittagessen.

Sanft boxt er gegen eines der Lederkissen auf dem schlichten Sofa und erzählt von dessen Kauf. Kaum mehr als zehn Minuten hat er dafür bei Ikea verbracht. Hat er die Anschaffung seitdem bereut? Sofort schüttelt er den Kopf. „Nein – ist doch ein super Sofa. Und ich bin froh, dass ich meine Zeit mit anderen Dingen verbringen konnte." Sein Blick schweift aus dem Fenster, über die Häuserschluchten durch das Lichtermeer der New Yorker Abendstimmung. Die dunkelbraunen Haare trägt er kurzgeschnitten, sie umrahmen weiche Gesichtszüge. Seine blauen Augen blicken jetzt auf das Nachbargebäude, auf dessen Dachterrasse Menschen in einem beleuchteten Swimmingpool ihre Bahnen ziehen. „Ich habe immer mehr die Dinge bereut, die ich nicht gemacht habe, als die, die ich gemacht habe. Lieber treffe ich eine falsche Entscheidung als gar keine. Mir das dann einzugestehen ist okay, aber nur herumzugrübeln, da würde ich mit mir selbst nicht im Reinen sein."

Er vertraut sich. Und andere vertrauen ihm – wählten ihn zum Klassensprecher, zum Vizepräsidenten in die Flensburger Jugendratsversammlung und später zum Partner in ihrem Unternehmen. Joerg Brodersen hat keine Scheu im

Mittelpunkt zu stehen, er übernimmt gern Verantwortung. Und ist dankbar für das ihm entgegengebrachte Vertrauen. „Ich glaube, die Leute schätzen meine Integrität. Und, dass sie mit mir nicht nur arbeiten, sondern auch Spaß haben können." Unabhängig davon, ob auf dem Golf- oder dem Fußballplatz. Bei Sushi oder Kartoffelsalat. Beim Segeln auf dem Ägäischen oder dem Adriatischen Meer.

Die Neunzigerjahre in Flensburg. Joerg Brodersen teilt seine Schulzeit rückblickend in zwei Phasen ein, die Zeit vor England und die Zeit nach England.

1997 ging er für ein Jahr nach Reading, westlich von London, um dort am Bradfield College die 11. Jahrgangsstufe zu absolvieren. Eine Auslandserfahrung mit dem Ziel, danach fließend Englisch zu sprechen. „Im Internat hat sich mein Leben komplett gewandelt. Bis dahin war ich ein ganz normaler Schüler, der gute Noten hatte. In England hat sich für mich eine Welt aufgetan und ich habe gemerkt, was es heißt, international zu leben, zu arbeiten. Von morgens bis abends in einer fremden Sprache zu kommunizieren, mit Leuten aus aller Welt, mit denen man keinerlei kulturellen Hintergrund teilt." Mit seiner Familie war der damals 17-Jährige schon viel gereist, hatte das europäische Ausland und die USA als Tourist erlebt. Aber den Alltag im Internat beurteilt er als das prägendste Erlebnis seiner Jugend. Seine blauen Augen strahlen. „Das war so toll, das war wirklich total toll! Ich hab im Internat gewohnt, alle Schüler aus verschiedenen Ländern auf einem Gang, Tür an Tür, alle mit Schuluniform – ich fand das spannend!" Er spricht von Vertrauen und

Vertrautheit. Von einem großen Gruppen- und Zugehörigkeitsgefühl. „Nach zwei Wochen kannte ich alle und mochte alle.“ Er wurde in die Hausversammlung seines Wohngebäudes auf dem Internatsgelände gewählt. Anspruchsvoller Unterricht, Musik, Sport – hier konnte er all seine Interessen am gleichen Ort ausleben. „Eine total intensive, ganz, ganz fantastische Zeit!“

1998, mit dem Ende des Schuljahres, kehrte er mit gereifter Persönlichkeit und einer Erfahrung von Weltoffenheit in seine alte Schulklasse am Fördegymnasium zurück. „Dann war ich plötzlich wieder im kleinen Flensburg. Das ist nicht überheblich gemeint, aber mein Empfinden war, dass sich da nichts verändert oder weiterentwickelt hatte.“ Für den Schüler hatten sich in England Horizonte eröffnet, die ersten Wochen zurück in der Heimat empfand er als frustrierend und er vermisste die internationalen Einflüsse.

Doch die kehrten schneller in sein Leben zurück als gedacht. Zwei Monate nach seiner Rückkehr aus England lernte der Siebzehnjährige seine erste Freundin kennen. Herdis, eine Norwegerin, deren Vater als Kinderarzt in Flensburg arbeitete.

„In ihrer skandinavischen Kultur bin ich dann total aufgegangen. Zu Hause hat sie nur Norwegisch gesprochen, das habe ich dann auch gelernt. Mit ihrer siebenköpfigen Familie habe ich viel Zeit verbracht und auch mit ihrem Freundeskreis von der Duborg-Skolen. Es hat für mich alles so gut zusammengepasst.“

Durch die Beziehung bewegte er sich wieder in internationalem Umfeld, lernte eine neue Kultur und Sprache kennen und merkte mehr und mehr, wie ausgeprägt seine Sehnsucht danach war. Gleichzeitig setzte er sich mit der Historie seiner nordischen Vorfahren auseinander, mit der Zeit, als die Brodersens unter dänischer Flagge um die Welt segelten. „Dass ich jetzt auf einmal so eine große Begeisterung für Skandinavien entdeckte, fühlte sich fast wie eine Fortsetzung an."

Beruflich wollte er zunächst den Weg seiner Eltern einschlagen. Die letzten beiden Schuljahre absolvierte er mit mäßigem Arbeitsaufwand und einem Einser-Abitur. Als Vorbereitung auf das Medizinstudium hatte Joerg Brodersen sich rechtzeitig für eine Zivildienststelle im Krankenhaus beworben. Ein Jahr später wollte er sich an der Universität einschreiben – aber alles kam anders.

Frühsommer 2000. Eine Erkrankung ließ ihn die Medizin aus Patientenperspektive erleben. Über mehrere Wochen musste er im Krankenhaus liegen. „Ich war lange außer Gefecht gesetzt. Das Kranksein hat mich damals schon sehr mitgenommen. Das war – das war nicht schön."

Krankheit. Bettruhe. Weiße Kittel. Von der eigenen Erfahrung belastet, stellte er seinen Berufswunsch in Frage. Stimmte das Ziel, Arzt zu werden, noch? „Nein. Ich hatte dann erstmal genug von allem, was mit Medizin und Krankenhäusern zu tun hatte." Viel Zeit für eine neue Zielsetzung blieb ihm nicht. Krankheitsbedingt wurde er bei der Tauglichkeitsprüfung für den Wehrdienst ausgemustert. Die Zeit bis zu seinem Studienbeginn verkürzte sich daraufhin überraschend um ein Jahr auf das kommende Wintersemester.

„Dann habe ich mich für BWL entschieden." Während der Internatszeit in England hatte ihn das Unterrichtsfach Economics begeistert, daran wollte er nun anknüpfen. Auch Asmus Brodersen kam ihm in den Sinn. „Meine Eltern und meine Großmutter waren Ärzte. Davor waren in der Familie Brodersen viele Kaufleute. Da dachte ich, das Kaufmannstum muss mir in den Genen liegen."

Er entschied sich für einen Spezialstudiengang an der Universität Mannheim: Betriebswirtschaftslehre mit interkultureller Qualifikation. Bei der Erinnerung fängt er an zu lachen. „Ich habe das Studienheftchen vom Spiegel aufgeblättert und da stand Mannheim für BWL auf Platz 1. Boah, da musst Du hin! Und dann war ich plötzlich da." Er bekam die Zusage der Universität und wählte Anglistik und Amerikanistik als interkulturellen Schwerpunkt.

Je stärker sich der New Yorker Abendhimmel verdunkelt, desto heller scheinen die Lichter in den unzähligen Hochhausfenstern zu strahlen. Einzelne funkelnde Sterne muten wie eine Fortsetzung davon am wolkenfreien Firmament an. Joerg Brodersen stellt die Temperatur der Klimaanlage höher.

Herbst 2000. Studienbeginn. Er zog nach Mannheim, seine Freundin Herdis hatte noch ein Schuljahr bis zum Abitur auf der Duborg-Skolen vor sich. „Ich habe sie sehr vermisst. Am Anfang bin ich fast jedes Wochenende sechseinhalb Stunden mit dem Zug nach Flensburg gefahren. Die

Eingewöhnungszeit in der Stadt und Uni war im ersten Semester schwierig durch das viele Pendeln, erst später habe ich es dann reduziert." Und er fühlte sich zunehmend wohler. Sowohl Studienratgeber als auch der heutige Steuerberater beurteilen das dortige Studium als sehr anspruchsvoll. „Es lief gut, aber war schon schwierig – ich habe viel getan und teilweise richtig hart gearbeitet."

2001 begann er, sich in der weltweit größten Studentenorganisation, AIESEC, zu engagieren, die Praktikumsplätze im Ausland akquiriert und vermittelt. Seine England-Erfahrung hatte ihn überzeugt, dass ein Auslandsaufenthalt einen bereichernden Entwicklungsschritt auf dem Ausbildungsweg bedeutet. Wieder fand er eine Gruppe, in die er sich integrierte, in der er beliebt war und Anerkennung bekam. „Willst Du nicht in den Vorstand? – Ja, okay. Nach einem Jahr wurde ich dann zum Präsident des Lokalkommitees gewählt. Das war toll und eine der ganz, ganz prägenden Erfahrungen in meinem Leben." Ihm wurde die Leitung einer Gruppe von fünfzig Studenten übertragen, die sich an der Universität Mannheim bei AIESEC ehrenamtlich engagierten. Erstmals sammelte er Erfahrung mit Themen wie Projektmanagement, Mitarbeitermotivation und Personalverantwortung. „In der Zeit habe ich Führung gelernt. Und abgesehen davon hat es auch richtig Spaß gemacht."

Neben mehrwöchigen Firmenpraktika in Schweden und Norwegen absolvierte Joerg Brodersen einen Pflichtteil seines Studiums auch an einer Universität außerhalb Deutschlands. Sein Wunsch war es, ins kanadische Ontario zu gehen – ihn reizte das Land, auch wegen des nordischen Flairs dort.

Doch außer ihm favorisierten viele Studenten im selben Jahr ein Studium in Kanada. Nach hartem Auswahlverfahren mussten sich sechs Finalisten einem Kanada-Wissenstest stellen, einer von ihnen der BWL-Student. Nach Detailfragen zur Politik und Wirtschaft des Landes folgte die Frage nach dem Titel der Nationalhymne. Joerg Brodersen stand auf. „Sie heißt: O Canada! Und wenn Sie wollen, dann singe ich sie Ihnen jetzt vor." Der Prüfungsausschuss wollte – und er sang. Von Schüchternheit keine Spur. „Nö, das war mir egal. Ich wollte doch nach Kanada." Sein Makroziel.

Er erreichte es. Bereits am nächsten Morgen rief ihn die Vorsitzende an und beglückwünschte ihn zu seinem Studienplatz an der Wilfrid Laurier University in Waterloo – und dem beeindruckenden Gesangssolo.

Stolz zeigt er auf die Wand über dem Fernseher, an der ein rot-weißer Wimpel mit dem Ahornblatt in der Mitte hängt. Im Alter von 23 – sechs Jahre nach England – lebte er endlich wieder im Ausland. „Das war genauso toll wie damals. Das war wieder Ausland, wieder konnte ich Leute aus der ganzen Welt kennenlernen. Ich habe dort eine supercoole Zeit verbracht!"

Weniger freudig erlebte er hingegen die kräftezehrenden Klausurenphasen in Mannheim. Ein Erlebnis ist ihm dabei in besonderer Erinnerung geblieben und rückblickend bringt es ihn immer wieder zum Lachen.

„Betriebliches Rechnungswesen, die Grundlage von all dem, was ich heute beruflich mache. Am Tag vor der Klausur musste ich Marketing schreiben, was sehr lernintensiv war. Ich habe immer gedacht, Rechnungswesen ist doch einfach, das haue ich mir am Abend vorher rein. Nach der Marketing-Klausur habe ich mich dann hingesetzt, um mir den Stoff anzuschauen und festgestellt: Verdammt, das ist ja doch gar nicht so einfach, wie ich immer dachte! – Es war noch so viel, ich bin schier verzweifelt, habe die komplette Nacht durchgelernt und war fix und fertig am nächsten Morgen. Im Bus auf der Fahrt zur Uni habe ich mir in eine Filmdose Zucker gefüllt, damals gab es ja noch analoge Fotografie. Bis zum Ende der Klausur habe ich die ganze Zeit Zucker gelutscht, weil ich dachte, jeden Moment umzukippen."

Mit Ach und Krach bestand er – dem Zucker sei Dank. „Das war die grausamste Klausur meines ganzen Studiums, weil ich mich körperlich so mies gefühlt habe. Und wie es der Zufall wollte, war es das Vorgängerwissen für Steuern, wohin ich später meinen Schwerpunkt legte. Obwohl ich es damals so gehasst habe."

Auf dem Sofa liegt ein Stadtplan Manhattans, für Familie oder Freunde aus aller Welt, die zu Besuch nach New York kommen. Ein roter Kreis markiert das Haus in der 45. Straße. „Dort drüben kann man den Hudson River sehen. Da bin ich auch schon gesegelt." Ein jungenhaftes Grinsen zeigt sich in seinem Gesicht. Mittlerweile ist es fast dreißig Jahre her, seit er die Flensburger Förde erstmals eigenständig mit einem Optimisten besegelte. Heute sind es größere Boote und der Hudson River liegt 200 Meter Luftlinie entfernt. Einst fuhren hier die großen Schiffe mit den europäischen Auswanderern ein und heute liegen an den Piers Kreuzfahrtschiffe mit Touristen aus aller Welt.

2006. Joerg Stefan Brodersen. Diplom-Kaufmann.

Wohin sollte die Reise nun gehen? Welchen Hafen steuerte er als Einstieg in die Arbeitswelt an? Die freie Wirtschaft, Steuerberatung, Marketing, Unternehmensberatung – mit seinen exzellenten Noten standen ihm viele Möglichkeiten offen.

Den ausschlaggebenden Impuls gab die Begegnung bei einem Firmenkontaktgespräch, einem Kennenlernen von Arbeitgebern und Absolventen auf dem Universitätscampus. „Da habe ich mich mit Hagen Reiser von EY unterhalten – das war so ein cooler Typ. Die Chemie hat einfach gestimmt." Sie sprachen über ihre gemeinsame Leidenschaft für Rockmusik und Heavy Metal, über Fußball und danach noch einige Minuten über Steuern. Der Diplomand Brodersen war beeindruckt von der Offenheit des Managers und fasste nach dem Gespräch einen Entschluss. „Wenn der bei EY ein Team leitet und ich mit dem arbeiten kann, dann will ich genau da hin. Genau mit solchen Leuten will ich arbeiten: superschlau und trotzdem nicht eingebildet oder langweilig, sondern im Gegenteil – lässig und breit interessiert. In so einem Umfeld möchte ich arbeiten, egal, was die da jeden Tag machen, es kann dann nur Spaß machen."

Sein Ziel stand, er schrieb nur eine Bewerbung, an das Ernst & Young Büro in Stuttgart. Er führte ein Vorstellungsgespräch und er bekam eine Zusage. Die erstbeste Entscheidung? Für ihn war es die richtige.

„Welchen Fehler machst Du jetzt, wenn Du da anfängst? – Keinen. Keine Sekunde habe ich diesen Schritt bis heute bereut. Es war die beste Entscheidung überhaupt. Das Team war super. Ich habe viel gelernt und wurde gefördert. Die haben mir damit ein großes Stück meines beruflichen Werdegangs geebnet."

Der dortige Abteilungsleiter Michael Schaden wurde sein Mentor – eine Leitfigur in seinem Leben.

Von 2006 bis 2009 arbeitete er in dessen Transaktionssteuer-Team in Stuttgart. An den Wochenenden pendelte er nach Mannheim, wo seine damalige Freundin noch lebte – so wie er auch im Studium der Liebe wegen regelmäßig nach Flensburg gefahren war. Bereits im zweiten Berufsjahr absolvierte er 2008 die schriftliche Steuerberaterprüfung, im Frühjahr darauf die mündliche.

2009. Joerg Stefan Brodersen. Steuerberater. „Dann hat mein Chef mich gefragt, ob ich mal nach New York will. Ich habe eine halbe Sekunde überlegt und dann ja gesagt." Er lacht und guckt aus dem Fenster, beinahe als wolle er sich vergewissern, ob der Ausblick auf Manhattan Realität ist. „Who the hell würde dazu nein sagen? Zu so einem Angebot – da konnte ich gar nicht nein sagen."

Im Herbst 2009 hatte der 29-Jährige seinen ersten Arbeitstag am Times Square, wo er den German Tax Desk mit seinen Kenntnissen des deutschen Steuerrechts bei der Planung von Unternehmenstransaktionen unterstützte.

„Den Moment, als ich in der Stadt angekommen bin, werde ich nie vergessen. Am Columbus Circle bin ich mit meinen zwei Koffern ausgestiegen und habe zu den Spitzen der Hochhäuser geguckt und gedacht –“, auch jetzt wird er fast sprachlos – „hier wirst du leben?“ Als eine Mischung aus Ehrfurcht, Faszination und Befriedigung beschreibt er es. Findet dann wieder Worte, die seine damaligen Gefühle ausdrücken. „Das war ganz, ganz toll.“

In New York arbeitete er internationaler als je zuvor. Mit 150 Kollegen in seinem Bereich, von denen nur fünf Deutsche waren. Abends streiften sie gemeinsam durch die Bars und Clubs der Metropole. Ein neues Makroziel entwickelte sich. „Nach einem halben Jahr habe ich gedacht, der Job, den mein Chef hier hat, das ist eigentlich mein Traumjob.“ Fünf Jahre später hatte der Flensburger ihn. Ungläubig schüttelt er den Kopf über diese Entwicklung. „Das macht mich total glücklich.“

Die unglücklichste und schwierigste Phase seines Lebens begann, als er nach elf Monaten New York im August 2010 nach Stuttgart zurückkehrte. Beruflich hatte er sehr von der Zeit in den USA profitiert, aber die Beziehung mit seiner Freundin in Deutschland war gescheitert.

Die folgende Zeit in Stuttgart bezeichnet er als Lebenskrise. „Mir ging es richtig, richtig schlecht, das war eine harte Zeit.“ Michael Schaden erkannte, mit welch emotionalen Tiefen der nun 30-Jährige kämpfte und bot ihm ein Gespräch an. Eine Geste, die Joerg Brodersen seinem damaligen Chef hoch anrechnet. „Er hatte einen überfüllten Terminkalender, aber er hat sich in aller Ruhe mit mir zusammengesetzt und zugehört. Eine menschliche Größe, die man von Persönlichkeiten in solchen Positionen nicht unbedingt erwartet."

Mit dem Wechsel 2012 in die EY-Niederlassung München konnte er die belastende Situation in Stuttgart durchbrechen und Leichtigkeit kehrte in seinen Alltag zurück. „Das habe ich zu dem Zeitpunkt gebraucht und in München bin ich dann wieder aufgeblüht."

Seine beruflichen Leistungen waren konstant herausragend und das Tempo seiner Beförderungen höchstmöglich. Auf der Position des Consultant war er eingestiegen, 24 Monate später, kurz vor der schriftlichen Steuerberaterprüfung, wurde er zum Senior befördert, wieder zwei Jahre später zum Manager. Und in München hatte er die Stufe des Senior Managers erreicht, nach wie vor im Bereich Transaction Tax.

Im Sommer 2013 fiel dort das erste Mal der Begriff „potentieller Partner" im Zusammenhang mit seiner Person, die oberste aller Beförderungsstufen. Auch sollte die Position seines ehemaligen Chefs am Times Square neu besetzt werden – nach wie vor sein Traumjob, für den die Partnerschaft im Unternehmen eine Voraussetzung war. Ein Jahr dauerte der Partner-Promotion-Prozess. Es bedurfte einer Vielzahl an Fürsprechern innerhalb des Unternehmens, eine adäquate Position musste verfügbar sein und Joerg Brodersen musste seinen Business-Case präsentieren. „Ich musste das Unternehmen davon überzeugen, warum man in New York einen Partner für die Stelle braucht. Und warum ich der richtige dafür bin, warum mit mir das Geschäft durch die Decke gehen würde.“ Die amerikanische Nationalhymne musste er dafür nicht singen – er überzeugte auch so.

Im Sommer 2014 unterschrieb er in München den Partnerschaftsvertrag bei Ernst & Young, als jüngster deutscher Partner überhaupt in der Firma.

Nach zweieinhalb Jahren in der Bayerischen Landeshauptstadt fuhr er im August 2014, wenige Tage vor seinem 34. Geburtstag, erneut vom John F. Kennedy Airport nach Manhattan. Wieder stieg er am Columbus Circle aus, wieder hob er den Kopf gen Himmel – diesmal schienen die Wolkenkratzer nicht mehr ganz so überwältigend hoch zu sein. In der Hand hielt er nur einen Koffer, seine Habseligkeiten folgten ihm auf einem Containerschiff über den Atlantik. Auch das Gemälde der Urania über seiner Kommode.

Wieder guckt Joerg Brodersen aus den deckenhohen Fenstern und genießt den atemberaubenden Blick. Vor dem Schlafen liest er seine E-Mails und bearbeitet, was ihm wichtig erscheint. Der Swimmingpool auf der Dachterrasse ist inzwischen menschenleer, das Lichtermeer vom Times Square blinkt und blitzt in unveränderter Intensität. In acht Stunden wird er wieder mittendrin sein.

Im dunkelblauen Trenchcoat geht er am nächsten Morgen über den Platz, der für ihn das Zentrum der Welt bedeutet. Mit der Laptoptasche über der Schulter hebt er sich optisch von den vielen Touristen ab, die mit staunenden Blicken und in den Nacken gebeugten Köpfen auf die riesigen Leuchtreklamen starren. Er ist klar erkennbar kein Tourist, er lebt und arbeitet hier und steuert zielstrebig das Gebäude mit der senkrechten Leuchtschrift Ernst & Young an, die sich über dreizehn Stockwerke erstreckt. Insgesamt hat der Wolkenkratzer achtundreißig Ebenen. Im Fahrstuhl leuchtet die Zahl 15 – dort befindet sich der German Tax Desk, den er an diesem Standort leitet. Wenige Sekunden später hat der Lift sein Ziel erreicht und die Türen gleiten auseinander. So glamourös die Adresse des Büros ist, so unglamourös muten die Innenräume an. Für Joerg Brodersen spielt das keine Rolle und fällt in die Kategorie Mikroziel. Einzig und allein das Makroziel, hier zu arbeiten, zählt. Er schmunzelt und strahlt dabei eine ähnliche Ruhe aus wie auf seinem schwarzen Ledersofa mit Panoramablick. „Von meinem Arbeitsplatz in München konnte ich die Alpen sehen, hier sitze ich in einem Büro ohne Fenster.“ Er zuckt mit den Achseln. „Platz ist in New York Mangelware.“

Dieses Büro ohne Fenster hat eine Größe von acht Quadratmetern und ist mit einem Schreibtisch und einem Drehstuhl möbliert. Den Mantel hängt er an einem Haken hinter der Tür auf und legt seinen Laptop auf die Mitte der Tischplatte. Mehrere weiße Papierbögen sind mit Tesafilm an der Wandfläche über dem Schreibtisch befestigt. Die Zeichnungen darauf erinnern an elektrische Schaltpläne aus dem Physikunterricht. Der Steuerberater denkt eher an Schach, wenn er seine Arbeitsvorgänge erklärt.

„EY ist eine der Big Four, also eine der großen Wirtschaftsprüfungs- und Steuerberatungsgesellschaften. Weltweit gibt es über 200.000 Mitarbeiter, aufgeteilt in vier Bereiche: Wirtschaftsprüfung, Steuerberatung, Unternehmensberatung und Transaktionsberatung. Ich arbeite in der Steuerberatung an der Schnittstelle zur Transaktionsberatung – Transaction Tax. Wir machen die Steuerberatung bei Unternehmenstransaktionen, also beim Kauf und Verkauf ganzer Unternehmen oder von Teilbereichen, bei Fusionen und Spaltungen. Mein Team und ich sind im Planungsbereich, also wir gucken im Voraus, wie bestimmte Investments strukturiert werden müssen. Wie muss man die Deals steuerlich planen? Wie muss die Transaktion insgesamt gestaltet werden, damit etwas Vernünftiges dabei herauskommt."

Er greift einen Kugelschreiber aus seiner Tasche und zeigt damit auf einzelne Bildelemente auf den Wandzetteln. „Ich vergleiche es immer mit Schach spielen. Da gibt es Regeln – es gibt Gesetze. Und innerhalb dieser Regeln muss man sich bewegen. Ich darf die Regeln nicht brechen, aber innerhalb des Regelwerks kann ich relativ frei agieren. Und da gibt es jede Menge Möglichkeiten."

Er spricht von taktischen Finessen, Strategien, unterschiedlichen Zügen, mit denen man das Spiel gewinnen kann.

„So ist es in der Steuerberatung, gerade in der Steuerplanung, eigentlich auch. Wir müssen uns im gesetzlichen Rahmen bewegen, tun wir auch ausnahmslos, aber innerhalb dessen bietet der Gesetzgeber ganz viele verschiedene Optionen – zum großen Teil auch bewusst, um dem Unternehmer Freiheiten zu lassen. Wir zeigen den Unternehmen Wege, wie sie innerhalb dieses komplexen Regelwerks agieren können.

Gerade international ist das sehr komplex, da jedes Land unterschiedliche Steuerarten und spezifische Regularien hat."

Der Steuerberater entwickelt für jeden Mandanten ein individuelles Modell, wie er den Spielraum, den der Gesetzgeber lässt, optimal nutzen kann. Zum Beispiel, ob er seine Firma als eine Kapitalgesellschaft oder eine Personengesellschaft führt. Ob er seine Geschäftstätigkeit im In- oder Ausland führt. Ob er in Deutschland forscht und dann in Polen produziert.

„Solche Überlegungen, die ein Unternehmer aus betriebswirtschaftlichen Gesichtspunkten trifft, haben wiederum ganz erhebliche steuerliche Konsequenzen. Die zeigen wir ihm im Vorfeld auf. Steuern sind dann natürlich eine Entscheidungskomponente. Weil es Standortkosten sind, genau wie Lohnkosten, genau wie Miete. Du kannst mit Deinem Büro ins oberste Stockwerk vom Empire State Building ziehen oder in den zweiten Stock in SoHo. Es ist die Freiheit des Unternehmers, in welche Etage er einziehen will. Und so ist es beim Steuerrecht auch. Ein Unternehmer kann eine Struktur wählen, die steuerlich ungünstig ist und preislich dem Empire State Building gleichkommt, oder er kann eine günstigere Variante wählen. Beides ist zulässig, es sind einfach nur sehr unterschiedliche Wege."

Grauzonen. Wie in jedem Rechtsbereich gilt auch hier die individuelle Auslegung eines Sachverhalts. Angst, Fehler zu machen, hat er in seinem Arbeitsalltag nicht. Ihn reizt es, jedes neue Projekt inhaltlich zu durchdringen und eine clevere Lösung zu finden. Während des Findungsprozesses ist der

„Schaltplan“ vor ihm an der Wand sein „Schachbrett“. Das Spannendste im Steuerrecht liegt für ihn in der großen Hebelwirkung, die einzelne Entscheidungen auslösen können und die immense finanzielle Veränderungen bedeuten – nach oben oder unten.

„Wenn der Zeitdruck sehr hoch ist, dann passieren auch mal Fehler, natürlich. Jeder macht mal Fehler, wer gar keine macht, der geht zu wenig Risiko ein. Wer keine Fehler machen will – generell im Leben – der wird passiv. Man muss die Balance finden aus Wagemut und Risikobewusstsein, da fällt man ab und zu auch mal auf die Nase, das gehört dazu.“

Risikomanagement. Wieder kehrt er gedanklich zurück auf das Schachbrett. „Mit dem Bauern kann man auch mal einen riskanteren Zug machen, aber den König und die Dame sollte man nicht gleich verlieren.“

Mittlerweile haben sich die Flure und Büroräume im 15. Stock gefüllt. Italienisch, Chinesisch, Schwedisch, Französisch... – aus jedem Land sitzen Steuerberater und Rechtsexperten an ihren Telefonen und Computern. Je nachdem, welche Staaten in ein Projekt involviert sind, bittet Joerg Brodersen sie an den großen Konferenztisch mit einem atemberaubenden Blick auf das One World Trade Center. Er denkt an die Haltung seiner Chefs in Stuttgart und München. „Exzellentes Fachwissen ist die Grundlage für Erfolg in diesem Beruf. Charisma, Vertrauenswürdigkeit, Ehrlichkeit und Integrität – das muss alles on top kommen. – Ich wünsche mir, dass ich wenigstens einen Teil von dem, was sie mir mitgegeben haben, auch jüngeren Mitarbeitern bei EY vermitteln kann. Das wäre schon viel."

Er ist umgeben von Menschen unterschiedlicher Sprachen und Kulturen. Seine heutige Ehefrau Nina hat er im September 2014 hier am Times Square kennengelernt – eine Juristin aus Schweden, die Rechtsexpertin für die dortigen Steuergesetze ist. Gemeinsam joggen sie vor der Arbeit durch den Central Park oder am Hudson River entlang und sprechen einen bunten Mix aus Englisch, Schwedisch und Deutsch. 2015 haben die beiden ihren Sohn Julius Bertil bekommen, in dessen Pass New York City als Geburtsort steht. Die wohl bislang schönste Fortsetzung seiner deutsch-skandinavisch-amerikanischen Reise. Internationalität.

Nach Flensburg kommt er ein bis zwei Mal im Jahr. Es ist sein Heimathafen. Beim Strandspaziergang in Holnis oder Solitüde lässt er den Blick über das Wasser schweifen und New York erscheint ihm in diesen Momenten dann sehr fern. „Es fühlt sich gut an zu wissen, wo der Hafen ist, in den man immer wieder zurückkehrt."

Beim Segeln auf dem Hudson River bleibt für ihn die Hektik der Stadt zurück und die Zeit stehen. „Dann fühle ich mich wie Asmus Brodersen 1840 auf seiner Urania. Leinen los! Im Flur vor Joerg Brodersens Büro sind kleine Nationalflaggen gehisst – für jedes Land, aus dem ein Mitarbeiter kommt, eine.

HSBC
SAMSUNG
PHANTOM
Sonderburg
Harrislee
Glücksburg
Flensburger Förde
Flensburg
Gelting

Dort steht er jetzt und betrachtet die bunten Fahnen aus Tuch. Für die Zukunft hat der 35-Jährige viele Ideen. Irgendwann auch eine Rückkehr nach Europa – und ein Häuschen im Grünen. Sein Blick fällt erst auf die schwarz-rot-goldene Flagge und dann auf die mit dem gelben Kreuz auf blauem Grund. Er lächelt.

„Vielleicht wird das mein neues Makroziel."

Finn Age Hänsel

Finn Age Hänsel
*13.01.1982

„Das Leben ist nichts anderes als du, der an verschiedenen Fäden hängt. Alles Wichtige im Leben ist ein Faden. Deine Familie ist einer, deine Freunde, deine Arbeit. Alles, was dir im Leben wichtig ist – ist ein Faden, der dich hält, damit du nicht runterfällst. Wenn Menschen nur einen einzigen Faden haben, der durchgeschnitten wird – dann fallen sie tief, weil sie nichts mehr haben, das sie hält. Bei Leuten, die viele Fäden haben – da kannst du einen abschneiden und es ist ein Schlag, aber es bringt ihn nicht um."

Finn Age Hänsel. Ein Mensch, den in seinem Leben viele Fäden halten.

„Einen Double-Flat-White-Skim-Milk-Double-Shot-Espresso, bitte. To go."

Berlin-Kreuzberg. Hier am Paul-Lincke-Ufer schmeckt ihm der Kaffee am besten. Dienstagnachmittag. Er ist auf dem Weg vom Prenzlauer Berg nach Neukölln – von seinem Arbeitsplatz im Berliner Norden zu seinem anderen im Süden der Stadt. Zeit für eine Kaffeepause.

Finn Age Hänsel. Geschäftsführer des Umzugsunternehmens Movinga und Geschäftsführer der Brauerei Berliner Berg – beides Start-ups, die seit 2015 aus der Masse innovativer Geschäftsideen in der Hauptstadt hervorstechen. „Ich habe immer Angst davor, etwas zu verpassen."

Von seinem Geburtsjahr 1982 verpasste er gerade einmal zwölf Tage – am 13. Januar kam Finn Age in der Flensburger Diakonissenanstalt zur Welt. Es war die Zeit, als in Deutschlands avantgardistischen Privathaushalten die Computer einzogen und die kommerzielle Nutzung des Internets noch in der Zukunft lag. Familie Hänsel lebte in Harrislee: Finn, seine ältere Schwester, die Mutter und der Vater, ein Ingenieur. Im Alter von sechs Jahren wurde der Junge Grundschüler der Zentralschule Harrislee. 1991 zog die Familie in den Flensburger Stadtteil Solitüde. Am Tag der Zeugnisübergabe vor den Sommerferien erfuhr Finn, dass er die nun folgende vierte Klasse auf der Friedheim-Schule verbringen sollte. „Ich habe so stark dagegen protestiert, weil ich für das letzte Grundschuljahr nicht von meinen Freunden getrennt werden wollte. Habe mich geweigert und meine Eltern so lange genervt, bis sie mir erlaubt haben, das eine Jahr noch auf meiner Schule zu bleiben.“ Seine Grundschulfreunde blieben ihm erhalten. Allerdings nur ein Jahr. Dann hatte die räumliche Distanz zwischen Mürwik und Harrislee zur Folge, dass seine Mitschüler das Alte Gymnasium als weiterführende Schule wählten und er als einziger auf dem Fördegymnasium eingeschult wurde. „Das war ein Einschnitt, es gab drei Gruppen in meiner fünften Klasse: die Gruppe Osbek-Schule, die Gruppe Friedheim-Schule und die Gruppe Landeier, die aus Glücksburg oder Wees kamen. Und dann gab es mich, der aus keiner Gruppe kam. Für mich hat das damals bedeutet, dass ich noch mal komplett neue Freunde finden musste.“ Zwei Jahre fiel es ihm schwer, richtig Fuß zu fassen, bis zu

Beginn des siebenten Schuljahres die A- und B-Klasse seines Jahrgangs gemischt wurden – abhängig von der Wahl der zweiten Fremdsprache: Latein oder Französisch. Finn Hänsel entschied sich für Französisch und lernte in seiner neuen Klasse die Jungs kennen, die er auch heute noch als seine besten Freunde bezeichnet. „Zwischen uns hat sich in den letzten zwanzig Jahren nichts verändert. Wenn wir uns heute sehen, ist es wie damals. Das Coole ist, es erdet mich immer wieder. Ich bin beruflich so viel unterwegs und habe auch oft mit Leuten zu tun gehabt, die abgehoben sind – sich über ihre dicken Autos definieren, darüber, zur High Society zu gehören und die niemanden kennen, der nicht auf einem ähnlichen Level unterwegs ist. Für mich war es immer eine willkommene Gelegenheit, zurück zur Realität zu gehen, indem ich nach Hause komme und meine Freunde sind auch Versicherungskaufleute und Lehrer."

Der Freunde-Faden gibt Halt. Im Alter von 15 Jahren entwickelte sich sein Interesse an Wirtschaft. Ein Nachbarsjunge und einige Mitschüler am Fördegymnasium lasen das Wallstreet Journal, waren Mitglieder in der Jugendorganisation der CDU, begeisterten sich für Wirtschaftsunternehmen, Management und das tägliche Börsengeschehen. „Irgendwann fand ich das auch cool und bin in die Junge Union eingetreten. Ich dachte, mit Wirtschaft kann man alles machen, man kann in alle Unternehmen reingehen. Relativ früh wurde ich so geprägt, dass Betriebswirtschaftslehre zu studieren eine Option für mich war." Im Wirtschafts- und Politikunterricht der 11. Jahrgangsstufe verstärkte sich dieses Interesse. Er erinnert sich an einen Wandertag der besonderen Art. „Unser Lehrer Lewe T. Volquardsen hat mir und drei weiteren Jungs ermöglicht, Einblicke in den Börsengang der Datasave AG aus Wees zu bekommen.“

Finn Hänsel greift nach seinem Smartphone. Der Vibrationsalarm ist aktiviert und immer wieder robbt das Gerät sich über den Cafétisch. Er öffnet den Foto-Ordner, wischt ein paar Mal über das Display, bis er gefunden hat, was er sucht. Das Bild zeigt vier junge Männer, darunter ihn und Lehrer Volquardsen, die 1999 am Flugplatz Schäferhaus vor einem kleinen Privatflugzeug posieren. Es ist die Maschine des damaligen Datasave-Geschäftsführers Marco Hahn – mit ihm flogen die Schüler nach Frankfurt. „Da standen wir dann alle schön in unseren Konfirmationsanzügen auf dem Börsenparkett. Und waren tief beeindruckt.“ Laut fängt er an zu lachen. Tief war auch der Sturz der Datasave AG, die im Boom des Neuen Markts aufstieg und mit dem Platzen der Dotcom-Blase Anfang des neuen Jahrtausends unterging. Eine Entwicklung, die der Schüler aus sicherer Entfernung beobachtete.

Im selben Jahr gründete er als Siebzehnjähriger sein erstes eigenes Unternehmen. Gemeinsam mit Schulfreund Stephan, heute Aktienanalyst in London, der auf dem Bild mit dem Privatjet neben ihm steht, richtete er die Internetseite www.sportsecondhand24.de ein – der frühe Versuch eines Webshops für Sportbekleidung. „Ich habe heute noch einen Karton mit Flyern und Aufklebern, die wir als Werbung gedruckt haben, bei meinen Eltern im Keller stehen.“ Auch darüber lacht er heute. Die ersten Schritte im Internet und die ersten unternehmerischen Ideen. „Bei der Bank haben wir einen kleinen Kredit bekommen und bis zum Abi haben wir die Domain – mit kleineren Erfolgen – geführt."

Sein großer Internet-Erfolg sollte zwölf Jahre später stattfinden – ebenfalls ein Webshop mit Bekleidung – unter dem in der Zwischenzeit etablierten Begriff Online-Shopping.

Als der Computer in Finn Hänsels Jugendzimmer 1997 mit dem World Wide Web verbunden wurde, war der 15-Jährige davon euphorisiert. „Ich fand das faszinierend. Du konntest in deinem Zimmer in Solitüde abends zu Hause sitzen – eigentlich musstest du schon längst im Bett sein – dann das Krächzen des Modems, man musste sich ja noch einwählen, und plötzlich kannst du dich in einem Chatroom mit fremden Leuten aus der ganzen Welt über deine Interessen austauschen." Star Trek, William Shakespeare, Gwyneth Paltrow, Braveheart – und ab seinem Eintritt in die Junge Union auch Politik. Er kaufte sich eine Internet-Domain, auf der er sich mit Fotos und einem Profil präsentierte, seine Freunde interviewte und sich zu den Themen seines Alltags in einem Online-Tagebuch äußerte. So wie er es bei anderen Nutzern der Chaträume, die private Internetseiten führten, kennengelernt hatte. „Was heute normal ist, also mit dem Internet aufzuwachsen, dazu würde ich mich rückblickend auch schon zählen. Ich bin damit groß geworden, E-Mails zu schreiben, über ICQ zu chatten; hatte eine eigene Website. Sogar mein erstes richtiges Date habe ich 1998 online kennengelernt. In einem Chatroom zu dem Kinofilm „Shakespeare in Love“ waren sie und ich die einzigen Deutschen. Wir haben uns ein Jahr lang mindestens zwei E-Mails am Tag geschrieben und uns Silvester 1999/2000 am Berliner Ku’damm das erste Mal getroffen.“

Über das Internet hatte er Kontakt mit einer Gruppe Shakespeare-Interessierter in New York und mit Star Trek-Fans in Asien. „Dadurch wurde mir klar, wieviel mehr es gibt als Flensburg und Deutschland – krass, die Welt ist ganz schön riesig.“ An den Moment, als er die Grenzen Europas das erste Mal „analog“ verlassen hat, erinnert er sich noch genau. Als Saxophonist in der Big Band vom Fördegymnasium flog er 1998 in die USA. Der 16-Jährige staunte. „Wow! Es riecht anders, es gibt andere Getränke, die Menschen reden eine andere Sprache, sehen anders aus, die Architektur ist anders. Und das ist jetzt nur ein Land, es gibt auf der Welt noch so viele andere Länder mit noch mehr Variationen von Architektur, Menschen, Essen, Kleidung. Das hat mich schon ein bisschen geflasht.“

Musik, Politik, Theater-AG, Sport – die Zeit nach dem Schulunterricht verbrachte er aktiv und engagiert. In der Jungen Union wurde er zum Kreisvorsitzenden gewählt, parallel leitete er als Jugendstadtpräsident das Jugendparlament Flensburgs, er formulierte seine Meinung, schrieb Leserbriefe an Zeitungen, wann immer es ihm ein Anliegen war, öffentlich Stellung zu beziehen. Erneut brummt das Handy auf der Tischplatte. Ein kurzer Blick – nicht wichtig – das Brummen beendet; jetzt liegt das Telefon wieder mit dem Display nach unten. Die Sorge, etwas zu verpassen, zieht sich wie ein roter

Faden durch Finn Hänsels Leben. Sein Tag hat 24 Stunden, er versucht diese so intensiv und vielseitig wie möglich zu beleben und alle seine Interessen und Bedürfnisse darin unterzubringen. Jetzt wählt er seine Worte sehr bewusst, erstmals langsam. „Ich habe immer Angst, Optionen für mich zuzumachen. Das heißt, ich gehe eigentlich immer den Weg, der mir möglichst viele Optionen offen lässt." Pause. Lachen. Rote Wangen.

Die Entscheidung für seinen weiteren Bildungsweg steht damit in Zusammenhang. Abitur 2001. „Wir sind eine Ingenieursfamilie in der zigsten Generation. Mein Vater wollte gerne, dass ich es fortsetze. Physik hat mir nie gelegen – es hat ihn etwas überrascht, als ich das dann schnellstmöglich abgewählt habe." Aber er ließ seinem Sohn Freiheit in der Berufswahl. Vorstellen konnte der Abiturient sich verschiedene Wege. „Schauspielerei wollte ich super gerne machen, Archäologie fand ich spannend und auch alles, was mit Werbung zu tun hatte." Ihn reizte die Psychologie dahinter. Wie bewegt man Menschen, Dinge zu kaufen? Und was regelt die Wirtschaft im Hintergrund? Bis 2002 leistete er seinen Wehrdienst bei der Marine in Bremerhaven. Danach fiel seine Wahl auf das Studium der Betriebswirtschaftslehre im sächsischen Freiberg. Damit sah der Flensburger seine Interessen an Management, Marketing, Internet und Werbung vereint. Und den Wunsch berücksichtigt, zukünftig auch international arbeiten zu können. „Seit dem Big-Band-Trip in die USA wollte ich immer fähig sein, auch nach Irland, England oder Amerika zu gehen und dort zu arbeiten."

Ein generalistischer nächster Bildungsschritt, der ihm für die Berufswahl verschiedene Türen öffnete. „Als BWLer kannst Du Entwicklungshelfer in Burundi, Journalist, Politiker oder Manager werden – bis auf Arzt, Anwalt und Theologe eigentlich alles. Es war wichtig für mich, so wenig wie möglich auszuschließen.“ Wieso gerade Freiberg? Finn Hänsel folgte der Empfehlung von Flensburger Freunden, die bereits an der Technischen Universität Bergakademie studierten. „Ich habe mich immer sehr von anderen Menschen inspirieren lassen.“ Zur Jahrtausendwende schnitten die ostdeutschen Standorte im Hochschulranking überdurchschnittlich gut ab. Die Universität in Sachsen gehörte deutschlandweit zu den besten fünf für BWL. „Nach der Wende wurde die Uni sehr aufwendig saniert und mit der neuesten Technik ausgestattet, sodass wir 2002 in Freiberg schon Beamer und Wlan hatten, während anderswo noch Overhead-Folien und Modem-Kabel zum Einsatz kamen. „Das war ein Argument, außerdem wollte ich eine Hochschule finden, die mir die Freiheit gab, im ersten Semester noch parallel ein Praktikum in einer Werbeagentur zu absolvieren.“

September 2002. Im Anschluss an seine Zeit bei der Marine ging er für ein sechsmonatiges Praktikum zu den Berliner Werbern von „Heimat“ und startete im Oktober als Stipendiat der Konrad-Adenauer-Stiftung auch sein BWL-Studium in Freiberg. Er nahm an allen Pflichtklausuren teil und lernte den Alltag in der Werbebranche kennen. Finn Hänsel verpasste nichts. „Aber mein Vordiplom war nur mittelmäßig. Ich leide schon stark an Prokrastination – Sachen, auf die ich keine Lust habe, schiebe ich sehr gerne auf." Die Verlockung, seine Zeit mit aufregenderen Inhalten zu füllen als mit diszipliniertem Lernen, war stets groß für ihn. Das Telefon vibriert. Diesmal ist es wichtig. „Finn Hänsel. Hallo?" Zügig schlängelt er sich zwischen Tischen und Stühlen zum Ausgang des Cafés. Draußen telefoniert er in ruhigerer Geräuschkulisse. Die rechte Hand hält er am Ohr, mit der linken schiebt er das gelockerte hellblaue Hemd zurück in den Hosenbund. Er geht auf und ab, spricht mit lebhafter Gestik und wirft lachend den Kopf mit dem braunen Haarschopf in den Nacken.

Wieder am Tisch lässt er das Telefon in der Hosentasche verschwinden und kehrt gedanklich zurück in die Freiberger Studentenzeit. Als familiär ist sie ihm in Erinnerung. „Ich habe sehr gerne studiert." Er engagierte sich im RCDS – Ring Christlich-Demokratischer Studenten – einem politischen Studentenverband. Wurde dort Landesschatzmeister, Mitglied des Landesvorstands und kam schließlich in den Landesbeirat. Zu der Zeit schien ihm auch eine Perspektive in die Bundespolitik möglich. 2004, nach dem Grundstudium, entschied er sich, auch fürs Hauptstudium in Freiberg zu bleiben. „Ich fand die Uni und die Stadt cool – einmal im Monat bin ich übers Wochenende mit meinem klapprigen Golf nach Flensburg gebraust." Wo Familie, Freunde, die Förde und die Kneipen am Nordermarkt warteten. In den Semesterferien absolvierte er Praktika und gewann Einblicke in die Arbeitsabläufe der IHK, von Kraft Foods, Roland Berger und bei Schott in New York. 2006 verließ er den europäischen Kontinent erstmals ostwärts und verbrachte ein Auslandssemester im neuseeländischen Auckland. „Das war meiner damaligen Freundin geschuldet – ich wollte eigentlich nach Australien, aber sie wollte unbedingt nach Neuseeland, was ich im Nachhinein gut fand, weil es ein so tolles Land ist." Ein zweiter Auslandsaufenthalt führte ihn für zwei Semester in die ungarische Hauptstadt Budapest. „Da habe ich dann auch meinen MBA gemacht und gemerkt, eigentlich willst du in die Wirtschaft." Bei einem Workshop lernte er in Ungarn auch seinen späteren Arbeitgeber kennen: The Boston Consulting Group (BCG), eine der weltweit größten Unternehmensberatungen. „Ich dachte, vielleicht wäre das was. Am meisten Lust hatte ich zum Ende des Studiums auf das Thema Konsum, also den Verkauf physischer Güter – sicher auch geprägt durch mein Milka-Schokolade-Praktikum. Das fand ich einfach cool. Für ein Produkt Marketing, Werbung zu machen und bei Leuten ein psychologisches Verlangen zu erzeugen, es zu kaufen."

Zurück in Freiberg nahm der 25-Jährige an dem damals größten Universitätswettbewerb im Bereich Management teil, der L'Oréal eStrat Challenge 2007. Weltweit traten Studententeams gegeneinander an, die virtuell ein Unternehmen managen mussten – 60.000 Teilnehmer, aus jedem Land der Welt. „Erstaunlicherweise habe ich dieses Spiel zusammen mit meinen zwei Teammitgliedern wirklich gewonnen." Mit einer überzeugenden Abschlusspräsentation und einem Zitat des französischen Schriftstellers Antoine de Saint-Exupéry setzten sich die Freiberger beim Finale in der Spitze des Pariser Eiffelturms durch.

„Wenn Du ein Schiff bauen willst, dann trommle nicht Männer zusammen um Holz zu beschaffen, Aufgaben zu vergeben und die Arbeit einzuteilen, sondern lehre die Männer die Sehnsucht nach dem weiten, endlosen Meer." Der Segler aus Flensburg wusste, wovon er sprach.

Er befreit das Smartphone aus der Hosentasche seiner Bluejeans und googelt seinen Namen. Im Ergebnis der Bildersuche erscheint die Momentaufnahme der Siegerehrung – Finn Hänsel auf dem Eiffelturm, im Gesicht das Lächeln eines Gewinners, mit beiden Händen die Deutschlandflagge haltend. „Dieser Sieg war auf jeden Fall ein starker Karriere-Moment für mich. Von dem Preisgeld sind wir nach Indonesien gereist, das war toll, aber mindestens so bedeutend war, dass für mich zum ersten Mal klar war: Ich habe jetzt die Möglichkeit, nicht nur einen normalen BWLer-Job zu machen, sondern irgendwie auch mehr."

Zum ersten Mal hatte ein Team aus Deutschland den Wettbewerb gewonnen. Anstelle eigener Bewerbungen zum Ende seines Studiums wurden die Jobangebote nun direkt an ihn herangetragen.

2007. Finn Age Hänsel. Diplom-Kaufmann. „Plötzlich kam einer der Partner von BCG, der in der Jury war, auf mich zu. Hast du nicht Lust Unternehmensberatung zu machen? Ich war sehr überrascht. Wegen meiner Abi- und auch meiner Vordiplomsnote, die beide nicht so toll waren, hätte ich es mir nie erträumen lassen, in die Beratung zu kommen.

Da gibt es ein ungeschriebenes Gesetz: Deine Abiturnote plus deine Vordiplomsnote plus deine Diplomarbeit geteilt durch drei" – er klopft bei jedem nun folgenden Wort mit dem Zeigefinger auf den Tisch – „darf nicht größer sein als 1,5." In Frankreich gab es diese strengen Hürden nicht. Mit der Vertragsvorlage von BCG aus Paris ging er zu seiner ehemaligen Workshopleiterin nach Deutschland, die ihm im Jahr zuvor eine klare Absage erteilt hatte. „Sorry, Finn. Du bist echt ein super Typ, aber deine Noten sind zu schlecht." Er schiebt seinen Kaffeebecher zur Seite und lehnt den Oberkörper über den Tisch. Nach drei Tagen Bedenkzeit bekam er dieses Mal eine andere Antwort. „Pass auf, du musst hier schon noch mal die Interviews machen, aber wenn du die bestehst, dann würden wir dich nehmen."

Er führte besagte Vorstellungsgespräche bei BCG in Deutschland und wurde eingestellt. „Ich glaube, ich bin bis heute derjenige bei BCG, der den schlechtesten Notendurchschnitt hat. Es ist für mich bis heute eine Genugtuung, dass ich es trotzdem geschafft habe." Trotz Prokrastination, durch die er während des Studiums immer erst zwei Wochen vor den Klausuren mit dem Lernen begann, dann beim Überblicken der Stoffmenge in Panik ausbrach und Nacht für Nacht in der Bibliothek saß, um sich auf den letzten Drücker noch das notwendige Wissen anzueignen.

Er lehnt sich auf dem Stuhl zurück, hebt das eine Bein und winkelt es auf dem anderen an. Ein starkes Selbstbewusstsein hatte er seit Kindertagen, aber er nimmt sich als beruflichen Spätstarter wahr. „Ich glaube, dass ein bestimmtes Talent immer in mir war und dementsprechend auch mein Selbstbewusstsein, aber ich war erst ab dem Hauptstudium fähig, das akademisch auch auf die Straße zu bringen." Er bricht ab, lacht und schüttelt den Kopf über seine Formulierung aus dem Beraterjargon. Außerdem stand ihm auch seine Lust an Freiheit und Freizeit beim Lernen oft im Weg. Noten hin oder her. Sein Berufseinstieg bei BCG gelang.

2007. Berater bei BCG in Düsseldorf. Gelockt durch Geld? „Nein. Wenn man es positiv ausdrücken will, ist es Selbstverwirklichung. Wenn man es negativ ausdrücken will, dann ist es Geltungsbedürfnis. Das Bedürfnis anderen Leuten zu zeigen, hey, ich hab was drauf! Geld war nicht der treibende Faktor, eher ein netter Nebeneffekt. Für mich war es mehr das Gefühl, wow, bei BCG kommt nicht jeder rein und ich hab's geschafft. Das war ein Treiber für mich, auch einer der mich immer weiter getrieben hat. Was ist das Nächste, was kommt? Und was kommt dann?" Für ihn hatte es auch spielerischen Charakter, seine Vita zu aktualisieren, Bewerbungsunterlagen an Unternehmen zu schicken und die Reaktion abzuwarten. „Marktwert checken. Mach ich heute noch." Keine Chance verpassen. „Aber natürlich fängt Geld dann doch irgendwann an, eine Rolle zu spielen, wenn man erstmal welches hat, will man ungern rückwärts gehen." Finn Hänsel öffnet den Deckel seines Kaffeebechers – nimmt den letzten Schluck seines Double-Flat-White-Skim-Milk-Double-Shot-Espressos.

Das erste Projekt bei BCG führte ihn nach Südafrika. Strategieberatung. Wachstum. Wie kann man eine Firma von zwei Leuten auf hundert Leute bringen? Wie kann man den Umsatz von einer Million auf hundert Millionen steigern? „Das macht Spaß, weil Wachstum immer damit einhergeht, dass du Leute einstellst, etwas Neues schaffst. Mit hochintelligenten Leuten jeden Tag an gemeinsamen Projekten zu arbeiten, Brainstorming zu machen, Ideen zu entwickeln – das hat mir anfangs viel Spaß gemacht." Seinen Freiberger-Rhythmus, mindestens einmal im Monat in Flensburg zu sein, setzte er fort. In den USA hatte er das zweite Projekt, das nächste in Tschechien – zehn andere Länder und viele weitere zu beratende Firmen folgten. Im Sommer 2010 wurde der 28-jährige Finn Hänsel auf eigenen Wunsch in das australische BCG-Büro nach Sydney versetzt und zum Projektleiter befördert.

Im folgenden Jahr reizte es ihn mehr und mehr, die Seiten zu wechseln. Planmäßig wäre der nächste Schritt gewesen, Ende 2011 zu BCG nach Deutschland zurückzukehren. „Anderen zu sagen, du könntest ja mal und du müsstest ja mal und wie wäre es, wenn du mal machen würdest – dieses Konjunktiv-Reden – das hat mir irgendwann keinen Spaß mehr gemacht. Und man weiß nicht einmal, ob die Ratschläge überhaupt eingehalten werden, wenn man das Projekt beendet hat und die jeweilige Firma wieder verlässt." Er stellte den Sinn seiner Tätigkeit in Frage. „Nach viereinhalb Jahren als Berater habe ich gedacht: Ich will nicht die Hälfte meines Lebens damit verbringen, hart zu arbeiten, drei Stunden pro Nacht zu schlafen und nichts Bleibendes zu kreieren."

Er wollte die Chance nicht verpassen, etwas Eigenes zu schaffen. Der entscheidende Impuls kam von außen. Ein Kollege, mit dem er sich in Sydney die Wohnung teilte, brannte darauf, ein eigenes Start-up zu gründen. Und Finn Hänsel erinnerte sich an seine Gedanken aus Schul- und Studienzeiten: „Marketing, Internet und Wirtschaft – und du machst es halt selbst – mit BWL kannst du alles machen."

Telefonbrummen. Dann noch ein koffeinhaltiges Heißgetränk.

Im Dezember 2011 in Sydney war der Ton seines Smartphones eingeschaltet und lautes Klingeln riss Finn Hänsel aus dem Schlaf. „Hier ist Oliver Samwer. Ich hab viel Gutes über dich gehört. Könntest du dir vorstellen, bei Groupon oder Zalando in Berlin zu arbeiten?" Nein. Zwei Tage später bekam er einen weiteren Anruf. „Hast du nicht Lust, Zalando komplett alleine in Australien zu machen? – Was heißt das? – Du kriegst ein Gehalt von mir, du kriegst die Summe X in die Hand gedrückt, du kriegst Ziele von mir, die du erreichen musst. Und alles andere ist dir überlassen." Zwei Nächte erbat er sich Bedenkzeit – dann sagte er zu.

Dezember 2011. Finn Hänsel. Rocket Internet Australien. Geschäftsführer und Mitgründer von The Iconic.

„Rocket Internet der Brüder Samwer ist das größte europäische Digitalunternehmen – ein Inkubator, heißt: Ein Fond, der sehr viel Geld hat, aber auch Gelder von externen Fonds einsammelt. Parallel dazu einen eigenen Stamm an Leuten hat, die Fachleute in den Bereichen Marketing und Internet sind. Rocket entwickelt Ideen oder lässt sich von

Internetunternehmen anderer Länder inspirieren, rekrutiert Gründer, die dann Geld in die Hand bekommen, um dann mit dem Start-up loszulaufen und die es im Idealfall groß machen, wie zum Beispiel Zalando, Groupon, Westwing oder HelloFresh."

Einer dieser Gründer wurde zum Jahreswechsel 2011 der Flensburger Finn Hänsel. Er stieg bei The Boston Consulting Group aus und beriet fortan sich selbst und seine eigenen Mitarbeiter.

Anfang Januar 2012 zog er seine persönliche Bilanz. „Das war so ein Ego-Ding. Mir war das wichtig, bevor ich dreißig wurde, war ich Projektleiter bei BCG gewesen, hatte in zehn Ländern gelebt und war Geschäftsführer eines großen Internet-Unternehmens. Ich dachte, das habe ich alles unter 30 erreicht – eigentlich ein gutes Zeichen."

Aufregende Monate folgten. Nach dem Vorbild des Online-Modeunternehmens Zalando sollte Finn Hänsel ein australisches Pendant entwickeln. Für Namensgebung, Layout des Internetauftritts und vieles andere – ließ Oliver Samwer ihm freie Hand, nur die Zahlen mussten stimmen.

Und die übertrafen alle Erwartungen. Innerhalb von zwei Jahren gelang es dem ehemaligen Berater, der drei frühere BCG-Kollegen als Co-Geschäftsführer einstellte, Australiens größtes Online-Unternehmen aufzubauen. Mit 100 Millionen Euro Umsatz und mehr als 300 Mitarbeitern.

Darauf ist der Mittdreißiger heute stolz und erzählt von dieser Phase seines Berufslebens mit Begeisterung. Er strahlt. „Ich hatte die Chance, eine Marke komplett neu zu kreieren. Wieviele bekommen schon mit 29 die Möglichkeit, dass ein „Verrückter“ kommt und sagt, hier hast Du 20 Millionen – mach was draus! Es war dann so, wie man sich ein Start-up vorstellt. Einfach geil, wir haben alle so an die Firma geglaubt. Und ich hatte von Anfang an das Gefühl, hier kann ich etwas Spezielles schaffen, dass genau meine Handschrift trägt – von null auf hundert.“

Seine blauen Augen leuchten. Er denkt an die alte, schäbige Lagerhalle in Sydney, in der alles anfing – mit drei Tischen, Stühlen und Kabeln, die von der Decke hingen. Für die ersten Schritte griff er auf infrastrukturelle Rahmenbedingungen von Rocket aus Berlin zurück. „Nach zwei bis drei Monaten hatten wir dann selber laufen gelernt und immer mehr unser eigenes Ding gemacht. Zuerst waren wir Australiens schnellstwachsendes Unternehmen, dann wurden wir das Newcomer-Unternehmen des Jahres – wir hatten 95 Prozent Markenbekanntheit, was Zalando hier in Deutschland ist, ist The Iconic da unten.“ Finn Hänsel und sein Partner waren auf der Titelseite der größten australischen Zeitung abgebildet, zwischen meterhohen Stapeln von Iconic-Kartons mit Kleidung für den Versand. Die Überschrift: Iconic wows fashionistas – and inverstors.

Der Name Finn Hänsel gewann down under kontinuierlich an Bekanntheit und Popularität – er stand für den immensen Erfolg des Modeversandunternehmens. „Ich weiß noch, an einem Tag hätte es mich fast overwhelmed. Bin morgens aufgestanden und im Radio lief Werbung von Iconic. Ging dann zum Frühstück ins Café und sah jemanden mit einer Iconic-Box, die der gerade bei der Post abgeholt hatte, bin in einen Bus gestiegen, auf dem Iconic-Werbung drauf war, war im Büro und abends zu Hause, als ich den Fernseher angemacht habe – lief Iconic-Werbung. Krass." Er setzt beide Füße auf dem Boden ab und stützt die Hände auf den Knien ab. „Krass, eine eigene Firma, dessen Namen du dir mit ausgedacht hast, dessen Logo du komplett selbst bestimmt hast, das begegnet dir fünfmal am Tag, in ganz alltäglichen Situationen."

Sichtbarer Erfolg. Wieviele seiner Erfahrungen als Berater flossen mit ein? Er antwortet nüchtern und dann mit lautem Lachen. „Excel und PowerPoint." Pause. „Naja, die Erfahrung, mich schnell in neue Sachverhalte einzuarbeiten, von der Modebranche hatte ich bis dato wenig Ahnung. Und etwas, was in der Anfangsphase eines Start-ups unerlässlich ist: Sicheres Auftreten bei absoluter Ahnungslosigkeit." Diese Fähigkeit wurde ihm schon als Schüler am Fördegymnasium attestiert.

Von Sydney flog er nach wie vor mehrmals im Jahr nach Deutschland, in seine Heimatstadt, wo er bei seiner Familie und mit Freunden Kraft tankte. Er spricht von Erdung. Die Entscheidung The Iconic und Australien zu verlassen, fiel bei seiner Abreise nach dem Weihnachtsurlaub 2012. „Meine Eltern standen in Hamburg am Flughafen und haben mir gewunken. Ich habe mich umgedreht und mir kamen die Tränen. Nach drei Jahren auf der anderen Seite des Globus' wusste ich, dass ich nicht mehr länger dreißig Flugstunden von zu Hause weg sein wollte. Es war mein Traumjob und ich hatte in Sydney eine der glücklichsten Zeiten überhaupt. Aber es hat sich richtig angefühlt, meine Rückkehr nach Deutschland vorzubereiten und zu wissen, bald wieder regelmäßiger mit meinem Vater auf der Förde segeln zu können.“ Im Spätsommer 2013 verließ er den australischen Kontinent. Eine Karikatur, die ihn im Wallstreet Journal zeigte, war mit den Worten untertitelt: The captain is leaving the ship.

Er brach zu europäischen Ufern auf, sein „einzigartiges Baby“ ließ er schweren Herzens zurück.

Sein neues Gewässer ist seitdem die Spree – er zog nach Berlin, dorthin, wo er die Stadt elf Jahre zuvor als Praktikant in der Werbeagentur kennengelernt hatte. In eines, wenn nicht das Zentrum der europäischen Start-up-Szene.

September 2013. Finn Hänsel wurde einer von vier Geschäftsführern des ProSiebenSat1-Inkubators Epic Companies in Berlin-Kreuzberg. Erneut wechselte er die Seiten, von Rocket zur Konkurrenz Epic, von der des Gründers auf die des Inkubatormitarbeiters, der nun anderen Start-up-Gründern infrastrukturelle Unterstützung bot, so wie er sie einst erhalten hatte. Hier im Hinterhof – wo auch das Café Concierge beheimatet ist – war sein Büro. An den Klingelschildern stehen Namen von Geschäften, die Müsli, Tierfutter, Schmuck und Fitnesskurse verkaufen. Alles Online-Unternehmen, alles Start-ups. Eine Leuchtschrift in neonpink soll motivieren. „Clear Eyes – Full Hearts – Can’t Lose!“ Die Vision, mit einem innovativen Geschäftsmodell im Internet erfolgreich zu sein, eint viele der Unternehmer. Die Atmosphäre in den Lofts am Paul-Lincke-Ufer, die nun offene Großraumbüros sind, ist voll kreativer Energie. Jung und hip – am Puls der Zeit. „Die Start-up-Szene – sagen viele – ist eine Jugendpille. Alle duzen sich in der Firma, die meisten sind zwischen fünfundzwanzig und dreißig und da denkt man selber, man ist auch noch fünfundzwanzig eigentlich. Wenn ich Karriere in irgendeinem Großkonzern gemacht hätte, wäre ich wahrscheinlich ganz anders – hätte schon ein Einfamilienhaus, Hund und Kind. Aber in Berlin gibt es keine engen Verhaltensregeln oder Dresscodes, hier geht alles und alles mischt sich.“ Seit er sie bei Iconic verkauft hat, kennt er sich mit Mode aus. Er guckt an sich herunter, der Saum der Skinny-Jeans berührt weiße Sneakers, wie sie auch zwei junge Männer am Nebentisch tragen. Augenzwinkernd ordnet er sein Styling ein. „Hier in Berlin bin ich ein Wessi mit leichten Mitte-Hipster Elementen.“

Siebzehn Monate blieb Finn Hänsel in der Geschäftsführung von Epic Companies und betreute unter anderem die Start-ups Valmano, Petobel, Amorelie und Gymondo. Dann juckte es ihn, einen neuen Faden zu spinnen. Es wurden zwei.

Erneut ringt das Smartphone auf dem Tisch nach Aufmerksamkeit. Zu seinem nächsten Termin will er es pünktlich schaffen. Die Zeit ist knapp – aber Finn Hänsel hält es für machbar.

„Ich bin im Job weniger chaotisch als in meinem Privatleben. Es gibt zwei Management-Stile: fraternal und paternal – brüderlich und väterlich. Ich arbeite definitiv fraternal.

Ich gehe mit meinem Team abends was essen und trinken, erzähle auch Sachen über mich von früher. Ich denke, dass Respekt für den Vorgesetzten nicht aus der Tatsache herauskommen sollte, dass jemand der Vorgesetzte ist, sondern daraus, dass die Leute sagen, der hat was drauf, der hat Erfahrungen, die ich nicht habe und von dem kann ich lernen. Ich glaube, du kannst fraternal sein und trotzdem Respekt bekommen. Lockerheit im Umgang mit anderen, das ist etwas, das ich aus dem Privatleben in den Job mitnehme. Was ich nicht mit reinnehme, ist meine teilweise private Unstrukturiertheit, mein Chaos. Das versuche ich aus dem Beruf fernzuhalten. Meine Unpünktlichkeit. Da bin ich bei BCG durch eine harte Schule gegangen."

Die Geschwindigkeit in der Start-Up-Szene ist hoch. So schnell Unternehmen gegründet werden, so schnell verschwinden sie bei ausbleibenden Erfolgen auch wieder. Die Zahlen müssen stimmen. „Wenn die Lage ernst ist, erkenne ich das und handle entsprechend. Aber ich lasse mich nicht davon unter Druck setzen, wenn mich jemand anschreit. Was ist das Schlimmste, das passieren kann? Dann werd' ich halt entlassen und such' mir einen neuen Job." Angstfrei.

Als ProSiebenSat1 Anfang 2015 mit Epic Companies aus der Start-Up-Gründung ausstieg, nahm er sich eine Auszeit. Thailand, Australien, Neuseeland, Fiji, USA und Flensburg. Seine Schwester hatte Zwillinge bekommen – der 33-Jährige stillte sein Fernweh und hatte dann das Bedürfnis, bei seiner Familie in der Heimat zu sein. Mit einem Löffel fischt er einen Berg Milchschaum aus seinem Kaffeebecher. Er führt ihn zum Mund und lächelt. Berliner Berg. „Ich hatte endlich die Ruhe, eine Idee voranzutreiben, die ich schon länger im Hinterkopf hatte. Uli Erxleben, mein alter Mitgeschäftsführer bei Epic, und ich, waren uns einig, dass die Biervielfalt im Ausland – besonders in Australien und den USA – inzwischen größer ist als in Deutschland.“ Der Flensburger beobachtete dort vor allem den boomenden Trend des handwerklich hergestellten Bieres in all seiner Sortenvielfalt – sogenanntes Craft Beer. „Bei uns stehen aber nach wie vor 99% Pilsener, Weizen und Helles im Supermarkt.“ Das sollte sich ändern. Erxleben und Hänsel nahmen einen amerikanischen Brauer mit an Bord ihres Start-ups und Berliner Berg wurde geboren. Kopf- und Handarbeit. „Wir haben eine alte Schmalzfabrik in Neukölln eigenhändig repariert und in eine Brauerei umgewandelt. „Zur Finanzierung standen uns Berliner Business Angels aus unserem Start-up-Netzwerk zur Seite. Zusätzlich haben wir 70.000 Euro in einer Crowdfunding-Kampagne aufgetrieben.“

Im Herbst 2015 wurden die ersten Liter handwerklich gebrautes Bier in Flaschen gefüllt und mit einem grün-weißen Berliner Berg-Etikett versehen. Zur gleichen Zeit eröffneten sie mit dem „Bergschloss“ einen rustikalen Schankraum in der Brauerei. Mittlerweile hat Berliner Berg zehn Angestellte und mehr als eine Handvoll Biersorten im Angebot. Prost!

„In Berlin gehören wir zu den Top 3 Craft Beer-Brauereien. Für mich war das eine Art ernstgemeintes Hobby-Projekt, aber mir war dabei klar, dass ich auch wieder in die digitale Start-up-Welt will.“ Über einen Kontakt aus

Flensburg kam es zu diesem Schritt, kurz nachdem sich in Neukölln die ersten Schaumkronen auf den Krügen bildeten. „Ein Freund von mir aus Schulzeiten, Marco Vietor, der selbst erfolgreicher Start-up-Gründer in Berlin ist, hat mich den Gründern einer Online-Plattform für Umzüge vorgestellt: Movinga. Als umzugsgeplagter Mensch war ich sofort Feuer und Flamme." Und ab November 2015 als dritter Geschäftsführer an Bord. Das Unternehmen mit Sitz im Ortsteil Prenzlauer Berg wurde zum Start-up des Jahres gewählt. Seit Hänsels Einstieg steigerte sich die Mitarbeiterzahl von 100 auf 500. „Wir sind eines der angesagtesten Start-ups in Berlin, haben internationale Investoren, die bereits über 35 Millionen Euro in die Firma investiert haben." Wachstum. Die Zahlen stimmen. Seine Kenntnisse der Branche bringt er in den Bundesverband Deutscher Start-ups ein, als Vorstandsmitglied. Mit dem Ansatz, durch Einflussnahme auf die Politik die Bedingungen für junge Unternehmer in Deutschland zu verbessern. Sein Blick richtet sich dabei Richtung Silicon Valley, nach New York und Israel, um herauszufinden, welchen Rahmen andere Staaten der Szene bieten.

Jetzt muss er weiter in die Brauerei, eine Unterschrift leisten, dann zurück in sein Büro bei Movinga. Vor dem Café, unter den Ahornbäumen am Paul-Lincke-Ufer, bindet sich Finn Hänsel die Schnürsenkel fester. Einen Marathon und zwei halbe ist er schon gelaufen.

Sonderburg
Flensburger Förde
Glücksburg
Harrislee
Flensburg
Gelting

Wenn er sich am Wochenende einen freien Tag gönnen kann, sitzt er am liebsten hier im Café und liest ein Buch. Entspannung und Inspiration. In diesen Tagen ist daran nicht zu denken. „Movinga beansprucht momentan 120% meiner Tage und die Brauerei auch noch hin und wieder Zeit. Die meisten Wochenenden und Nächte sitze ich im Büro. Aber ich liebe es, Ideen entstehen zu sehen und daran mitzuwirken, sie zu entwickeln."

Ein schneller Blick zur Uhr – die Zeiger sind weiter fortgeschritten als erwartet. Die Erfüllung seines größten unternehmerischen Traums liegt noch vor ihm: in Flensburg eine überregional bekannte Rum-Marke aufzubauen. „Davon träume ich seit meinem Abi vor fünfzehn Jahren. Von einer, die an die glorreichen alten Zeiten anknüpft." Ideen dazu hat er mit einem Freund vom Fördegymnasium schon viele entwickelt. Konkretes verrät er noch nicht. Wieder strahlen seine blauen Augen, diesmal geheimnisvoll und voller Optimismus. Er lacht und läuft los.

„Ich glaube, Flensburg ist für mich ein ziemlich wichtiger Faden."

Katharina Pütter wurde 1984 in Flensburg geboren. Die Schauspielerin lebt in Berlin und stellt mit LEBEN GEHT WEIT ihr Debüt als Autorin vor. www.katharinapuetter.de

Julia Weidemann wurde 1982 in Flensburg geboren. Die Art-Direktorin und Illustratorin lebt in Berlin. www.whatshedoes.de